怎麼可能！

十四歲就以優異的成績被劍橋大學錄取！

他這一生沒有任何親生子女

卻把每個孩子都培養成傑出的人才！

我讓十四歲的孩子上了劍橋大學

史賓賽的育兒日記

——教育，是為了讓孩子成為一個快樂的人，在快樂的狀態下學習。

(英)赫伯特·史賓賽 著

趙雅筑 譯

目錄

第三章　讓孩子快樂的學習和成長

目錄

目錄

目錄

前言

赫伯特．史賓賽（Herbert Spencer，西元一八二〇至一九〇三年）是英國著名的哲學家、社會學家和教育學家。他一生的榮譽顯赫，先後獲得了英、法、美等十一個國家的三十二個學術團體和著名大學的院士、博士榮譽稱號，甚至還被提名為諾貝爾文學獎的候選人，更是被很多科學家和教育學家稱為「人類歷史上的第二個牛頓」。

史賓賽出生在英格蘭鄉村的一個教師世家。在小的時候，他的父親經常帶著體弱多病的史賓賽到戶外活動，為此也促使他養成了對自然科學知識的濃厚興趣。

他並沒有受到過正規的學校教育，七歲的時候進入當地小學，十三歲的時候就因為健康問題而輟學。在輟學之後，他仍然堅持自學。

西元一八三七年，十七歲的史賓賽回到了自己的母校，並且當了三個月的輔導教師，因而激發了他對教育的熱情和興趣。

這本書的小主人公小史賓賽是作者堂兄的兒子，由於家庭的不幸，和作者生活在一起。就這樣，在家鄉的小鎮上，史賓賽開始了對小史賓賽的教育之旅，使用「快樂教育」的方法精心培養、教育他。

史賓賽一直以來非常了解孩子的天性，更了解孩子的喜怒哀樂，因此，他能夠在妥善駕馭

前言

孩子天性的同時，做到真正的寓教於樂。

史賓賽認為：教育的目的就是為了讓孩子成為一個快樂的人，讓孩子在快樂的狀態下學習。

史賓賽強調，學習的本身並不是獨立存在的，它是需要很多種因素的相互支持才能夠有所成就的，這些因素包括：毅力、定力、靜心力、領悟力、努力和練習等。因此，它也更需要父母對於孩子進行情感、人品、智力、道德，甚至是綜合能力的培養。

就這樣，小史賓賽在快樂教育的氛圍下學習著、成長著，在小史賓賽十四歲的時候，他就被英國劍橋大學錄取，而且，其他在史賓賽教導下成長起來的孩子也都成為了各個領域的菁英，如政治家、科學家、藝術家、大律師等。

史賓賽的快樂教育思想簡直就是一塊寶石，在經過了歲月和時光的打磨之後，變得更加光彩奪目；而快樂教育的思想也因為揭示了教育的規律和兒童心智發展的規律，讓無數的孩子和家庭受益。

這本書凝聚了史賓賽快樂教育的原則和方法，更是對世界上的無數家庭和學校產生深遠影響的一本著作，相信我們只要能夠認真閱讀這本書，就能夠從中學到教育孩子的真諦。

我讓十四歲的孩子上了劍橋大學
史賓賽的育兒日記

第一章　小史賓賽的來歷

小史賓賽的母親擔心小史賓賽也會夭折，於是就在半年之後，把她送給了我。就這樣，小史賓賽便和我生活在一起，我把他視為自己的親生兒子，願意為他付出自己的生命，用一生保護他，幫助他成長。

小史賓賽不是一個神童

我們自己用起來覺得得意的詞彙，其實並非來自我們自己。屬於我們自己的無非只是依照我們的脾氣、性格、環境教育與社會關係而做的修改而已。只是這麼點修改，使之區別於別人的表達方式，打下了我們特有風格的烙印，暫時當做是我們自己的東西。別的統統都是些陳年舊貨，是幾千年幾百年以來世世代代的人說過的陳詞濫調而已。

——馬克．吐溫（Mark Twain）

我出生在英格蘭中部的德比郡埃克塞特路十二號，此處位於城市的邊緣。而就在我家的房子後面，有一個長滿了常青藤的小花園，在花園的另外一邊則是一大片綠油油的草地，再往前走就是日夜奔流不息的德文特河，而在河的對面就是德比城區。我們這裡的人都是把自己居住的地方稱為德比小鎮。而我對小史賓賽的教育也是從這裡開始的。

我是家裡面的老大，我的父親威廉．喬治．史賓賽在當地是一位很有名望的老師，他還收了一些弟子，而我的祖父和我的兩個叔叔也都是老師。我本來有很多的兄弟姐妹，非常不幸的是，他們都過早夭折了。最開始是妹妹露伊莎，她在兩歲的時候就離開了我們，後來接連有五個弟弟妹妹都在剛生下來不久就病逝了。

我的父親一直認為這是上帝對他的懲罰，但是他並不知道自己到底做錯了什麼事情，上帝要如此懲罰他。可是在我的眼中，我卻認為這是因為缺乏一個最起碼的育兒知識所造成的。這也成為了我長大之後花費大量的時間來研究生理、醫學這方面工作的一個重大原因。在經歷了這些不幸之後，史賓賽家族就更加注重對於新生兒的養育。

我的遠房堂兄弟丹尼·史賓賽可以說是我的童年玩伴，在童年的時候，我們就經常在一起，一起成長，我們也是非常要好的朋友。

丹尼為人忠厚、實在、本分，而且是一名出色的獸醫。在我二十五歲的那一年，他就和鎮上一位漂亮女孩蘿莉結婚了。他們的婚禮是在家鄉的教堂裡面舉行的，史賓賽家族的所有人幾乎都來了。

我記得那一天陽光燦爛，天氣非常的好，高高的白楊樹在微風當中向他們祝福，雲雀在枝頭、空中為他們唱著贊歌，而風琴也奏響了歡樂的婚禮進行曲，就這樣，他們在神父的祝福聲中互換了戒指。這一切都是那麼的美好，就好像是童話裡面描述的那樣，讓我們感覺充滿了希望。

結婚之後，他們的生活是寧靜而又幸福的。結果沒過多久，丹尼就激動的告訴我，他馬上就要當爸爸了，而且他希望孩子出生之後能夠由我來教育，我當然是義不容辭了。

從那個時候開始，我就有意的去收集一些生物學和醫學方面的相關知識，把這些資訊提供給丹尼。例如一些音樂，特別是柔緩的音樂，這對於胎兒有著良好的作用。其實在胎兒五個月大的時候，就會有思維，我們從這個階段開始進行胎教，有利於孩子大腦的發育。例如孕婦在洗澡的時候，千萬不要用太熱的水等等，這個時候，我簡直就成為了一個育嬰專家，而丹尼也總是能夠接受我的建議。

就這樣，沒過多久，孩子便出生了，這對於整個史賓賽家族來說可謂一個天大的喜訊。小史賓賽的眼睛大大的，而且經常會流露出專注的神情。他有的時候哭聲非常響亮，就好像鎮上的管樂器一般。

可是在小史賓賽兩歲那一年，不幸的事情發生了。在一個風雨交加的夜晚，丹尼出診的時候遇到了洪水，湍急的德文特河就好像一群脫韁的野馬，奔騰著從上游呼嘯而下，結果丹尼．史賓賽再也沒能回來。

就這樣一個原本幸福的家庭，被這突如其來的災難給擊倒了。半年之後，小史賓賽的母親含淚把孩子託付給了我，之後依依不捨的離開了。

於是，小史賓賽便開始和我生活在一起。而他就好像我的親生兒子一樣，我也非常愛他，甚至願意用自己的生命為他付出一切，為此，我終身都沒有結婚。

當然，小史賓賽也是非常可愛的，小史賓賽帶給我歡樂，不管是在精神上，還是在生活當中，這些快樂都遠遠超出了我所付出的。

當時我的父親怕我一個人無法應對，還特意從鄉下為我找來了一位遠房親戚，幫助我一起照顧小史賓賽。她的名字叫德賽娜，雖然她並沒有接受過高等教育，甚至有的時候還顯得有一些笨拙，但是她的心腸很好，也和我一樣非常喜歡小史賓賽。

第一章 小史賓賽的來歷

小史賓賽不是一個神童

從此之後，我在進行科學研究的同時，也開始了早期教育的實踐和研究，不管是出於興趣愛好，還是出於對教育小史賓賽的責任和義務，我開始關注和研究各式各樣的教育，例如家庭教育和學校教育、英國的教育制度，以及傳統的教育習俗和一些必要的教育心理學知識。

雖然我對於小史賓賽的教育是從他的不幸遭遇開始的，但是我始終沒有讓他九泉之下的父親感到失望。

小史賓賽在十四歲的時候就以優異的成績被劍橋大學破格錄取了，到了後來又在許多領域取得了其他卓越的成就，而且他在生活上是富足、幸福的，他更是一個受人尊敬的、熱情，並且富有愛心的人。

小史賓賽絕對不是一個神童，但是他取得的成就卻比許多神童還要大。

擁抱，讓孩子快樂的成長

有人問鷹：「你為什麼要到高空教育你的孩子？」鷹回答說：「如果我貼著地面去教育牠們，那牠們長大了，哪有勇氣去接近太陽呢？」

——萊辛（Lessing）

小史賓賽的到來，讓我們全家都陷入在忙碌之中，同時卻又讓我們感到非常幸福，如此忙碌的我並沒有因而中斷此前對一所孤兒院的研究。實際上，這項研究也為我在兒童的教育方面提供了許多啟示和必要的幫助。

在我們的小鎮上，就只有這麼一家孤兒院，而且還是剛剛開辦後不久的。孤兒院的院長非常喜歡和我聊天，並且也非常歡迎我對那裡的孩子進行研究。

就在不久之前，孤兒院的孩子得了一種非常奇怪的病，孩子的目光呆滯，任何東西都無法讓他們變得有興趣，孩子也不願意到遊藝室娛樂，甚至都不願意吃飯，偶爾還會發出長長的嘆息。

為此，院長特意請來了醫生，他是鎮上最好的醫生，名叫奧尼爾大夫，可是奧尼爾大夫也沒有辦法。這個時候，院長又想到了我，於是決定讓我去試一試，看看這些孩子到底怎麼了。

我觀察了整整一個下午，發現孩子真的很沉默，這讓我非常的難過。這樣一群已經失去父

第一章 小史賓賽的來歷

擁抱，讓孩子快樂的成長

母的孩子，就好像陽台上面的雛菊，由於沒有長時間進行澆水，已經開始慢慢枯萎了。

我想孩子可能是太孤單、太寂寞了，於是我從鎮上的學校請來了一些十幾歲的小女孩和他們一起玩耍。而這些女孩的突然到來，讓孤兒院的氣氛馬上出現了變化。女孩大聲的笑、鬧，有時甚至會把孤兒抱起來親吻、擁抱、撫摸，一直沉悶的孤兒院就好像飛進了一群漂亮的天使。就這樣，這些女孩每天下午都要在這裡待上一兩個小時，而週末則在這裡待更長的時間。

不久之後，奇蹟真的發生了，孤兒院的孩子開始活躍起來了，有的孩子開始繞著院子裡的白楊樹跑，就好像一陣陣輕風吹過，孩子的眼睛炯炯有神，食慾增加，身體狀態也明顯好轉。

後來，院長好奇的問我：「怎麼會想到用這種方法？」我告訴他：「聖經上面有這樣一句話：『一個父親追趕自己的兒子，追呀追呀，拚命摟住兒子的脖子親吻。』」院長聽完之後似乎明白了，於是又問道：「那麼這些孩子到底得了什麼疾病呢？」「皮膚飢餓吧，這樣的需求是食物永遠無法滿足的，需要的是愛撫、撫摸。如果孩子長期得不到這方面的滿足，那麼就會食慾不振、發育不良，進而造成智力的衰退，甚至會慢慢變得遲鈍。」

當然，我也會把這個方法用在剛來我家不久的小史賓賽身上。結果證明，如果對自己的孩子多一些擁抱和撫摸，有時甚至親暱的拍打幾下，那麼，孩子在對外交往、智力和情感上都會發展得非常好。

因此，我認為擁抱、撫摸、牽手，這也是在孩子的教育過程中不可缺少的重要部分。

讓孩子遠離身邊的危險

我對兩種對立的教育方法思考過好多次：一種是人們力求保持學生的天真，將天真與無知混淆起來，認為避開被認識的惡不如避開未被認識的惡；另一種是待學生一達到明白事理的年齡，除了那微妙的叫人害羞的事以外，就勇敢的把惡極其醜陋的、赤裸裸的給他看，讓他痛恨它、避開它。我認為，應當認識惡。

——巴萊拉（Valera）

在一個陽光明媚的早晨，陽光透過窗戶照射到屋子裡面。我沒有吵醒小史賓賽，一個人沖了一杯咖啡，坐在窗台前看起報紙來。

我看著看著，一條令人驚訝的消息映入眼簾當中：倫敦一名兩歲的男孩慘遭電風扇奪命！當看完這則消息，我那愉快的心情立即消失得無影無蹤。後來，我仔細看過了細節才知道，原來這個孩子的父親正在和兒子玩「拋高」的遊戲，結果由於用力過猛，孩子不幸被高速旋轉的電風扇奪取了生命。這樣一條新聞真是看得我膽戰心驚，也讓我不得不擔心起小史賓賽來。

一個在不同的成長階段，往往會面臨很多的危險，特別是在一到三歲這個階段，很多危險都是父母根本無法想到的。

於是，我也是從那時開始，有意無意的收集這方面的相關資料和新聞。儘管我做的這個工作和我的研究工作沒有太大的關係，但是對於孩子的安全教育，這是每一個父母不能不重視的一個問題。

下面就是我根據孩子的年齡特點，在不同的環境下，所總結出來的孩子有可能會面臨的一些危險，讓大家作為參考。

(1) 讓孩子遠離床上危險

我們的朋友瑪利亞有一個四個月大的女兒叫愛麗莎。有一天，瑪利亞回到家裡，發現女兒愛麗莎並沒有在床上躺著，這讓她非常著急，掀開被子一看，結果發現女兒嬌小的身體正躺在丈夫粗壯的胳膊下面。非常不幸的是，此時此刻的愛麗莎早已停止了呼吸，窒息而死。丈夫醒來之後，痛不欲生。而這樣的悲劇卻不罕見，愛麗莎只是英國近五年當中兩百多名死於成人床上嬰兒當中的一個。

在這裡，我要告誡所有的年輕的父母，不管是從生理角度還是心理角度來看，孩子都應該有一個獨立的空間，最好能夠讓孩子睡在自己的嬰兒床上，只有這樣才能夠減少孩子對父母的依賴心理，自然也就可以有效避免意外事故的發生。

(2) 裝滿水的木桶很危險

五歲的小加爾文在房間裡面玩耍，而媽媽正在忙著打掃房間。不一會兒，媽媽去做其他事情了，而小加爾文趁著媽媽走開的空檔，跑到木桶旁邊玩耍。結果當媽媽回來的時候，發現小加爾文一頭栽進木桶裡面，已經溺水身亡了。

其實，在孩子小的時候，他們的平衡能力是比較差的，加上頭重腳輕的緣故，很容易跌倒，因此，對於裝滿水的木桶、臉盆，可以說對嬰幼兒都存在著致命的危險。

(3) 塑膠袋會導致孩子窒息而死

威廉斯是一個裁縫，他四個月大的孩子在熟睡的時候，不小心從床上滾落到地上，而恰巧地上有一個塑膠袋。結果當威廉斯發現孩子的時候，他的鼻子和嘴巴正緊緊吸住了塑膠袋，已經窒息死亡了。

(4) 氣球也有很多潛在的危險

氣球和其他玩具相比，更容易引起孩子的窒息死亡。不管是在吹氣球的時候，還是咀嚼破了的氣球，很多孩子都有可能會吸入氣球皮，導致卡在食道、氣管當中，出現生命危險。

父母是孩子的第一個榜樣

只有受過教育的、誠心誠意的人才是有趣味的人，也只有他們才是社會所需要的。這樣的人越多，天國來到人間也就越快。

——契訶夫（Chekhov）

記得在《聖經》裡面有這樣一句經文：「天國之中，小孩子是最大的。」在之前我一直沒有辦法理解這句話的真正涵義，但是自從我對小史賓賽進行教育之後，對這句話有了深刻的體會。

小孩一般從三歲開始就逐漸有了自我的意識，而且主要表現在試圖與外界進行接觸，有了一種發展自己、表現自己的強烈願望，與此同時，又有了固執、傲慢的表現。在這一階段，孩子最主要的特點就是模仿，身邊一些人的言行舉止，特別是父母的言行舉止就成了他模仿的對象。

當我還在火車修理廠上班的時候，工作繁瑣又沉重，壓力也非常大。有一天，我拖著疲憊的身體下班回到家中，發現地板上到處都是語法單字的小卡片，而小史賓賽則坐在窗台上面逗鴿子玩。我的女友對我說：「快看看你兒子吧，你看他玩了整整一個下午的鴿子，語法單字可以說是一個沒學，我實在是拿他沒有辦法了。」

說實話，當時我已經很累了，但我還是要求自己盡量保持耐心，蹲下身來，對小史賓賽說道：「兒子，語法的學習是一門語言的基礎，你只有學會了語法，別人才會明白我們所要表達的意思。來，我們現在就學習一個好不好？」小史賓賽還是不願意，他搖晃著腦袋說：「不好，不好，我最討厭學語法了，我要和你一樣去修理火車。」

雖然內心有點生氣，但我還是盡量讓自己保持平靜，說道：「你現在還不能夠修火車。還是先學習語法吧，先學習一個單字。」小史賓賽此時的腦袋搖得非常厲害，吵鬧著說：「我不學，我就要修火車，我討厭語法。」

這個時候，我更加生氣了，但我還是強迫自己露出一張僵硬的笑臉，說：「寶貝，你以前不是說自己很喜歡學習語法嗎？」小史賓賽用手指了指鴿子，說道：「我現在不喜歡學習語法了，因為我找到了比語法更加有趣的事情。」這時，我再也無法控制自己的情緒，於是大聲吼道：「不想學就不要學了，那你就玩一輩子的鴿子吧。」我的女友在一旁附和道：「真是沒出息的孩子。」

此時此刻，我真的不知道下一步該怎麼做，我真的對孩子感到失望。為了消除負面的情緒，我拿起椅子上的工作服奪門而出。透過眼角餘光，我發現小史賓賽臉上露出了詫異的表情。非常明顯，他被我和女友的吼聲嚇到了。但是他還是沒有真正離開鴿子窩，只是低著頭，手裡不安的擺弄著麥粒。

而當我走出家門之後，我漫無目的的走在小鎮的巷子裡。這個時候已經是黃昏時分，小鎮

第一章 小史賓賽的來歷

父母是孩子的第一個榜樣

已經變得非常安靜了，偶爾還可以看見幾個老人正在悠閒的散步，可我現在卻沒有一點心情。

走著走著，遠處的青草味讓我的情緒逐漸平靜下來，我開始仔細回想剛才的情景，現在我開始後悔了，後悔自己剛才那麼大聲的對一個不諳世事的孩子吼叫。其實，我完全可以透過其他方式讓小史賓賽學習語法。

例如，我完全可以從口銜橄欖枝的鴿子說起，為孩子講一講諾亞方舟的故事。可是剛才不知道為什麼，我感覺自己完全喪失了理智，這可能和我工作當中的負面情緒存在很大的關係。在上班的時候，老闆總是訓斥我火車修得不好。而我回到家之後，就開始把這股悶氣發洩在小史賓賽的身上，現在仔細想想，實在是太不應該了。

我意識到，有的時候，孩子就好像一面鏡子，能夠反映出大人的一切情緒。你快樂，孩子也快樂；你憤怒，孩子也憤怒……

也就是自那之後，我開始改變自己，努力克制自己的情緒，教育小史賓賽的時候盡量讓自己保持耐心，與此同時，不斷探索更多的教育方法。

其實，想要教育孩子，父母首先要教育自己。不管是在小學、中學，還是大學，沒有一門課程是教我們如何教育孩子的，絕大多數的父母只會生養孩子，而不知道如何教育孩子。

每個父母都愛自己的孩子，不希望自己的孩子以後成為一個對社會沒有用的人，但是有些父母總是盲目的認為教育孩子只是學校的事，並且還把教育孩子的責任推到學校和老師的身上。

在這裡，我要告訴各位父母，學校教育僅僅只是孩子教育的一部分，如果完全把教育的事情寄託於學校，那麼我們恐怕得承擔非常大的風險。

實際上，父母與孩子相處的時間是最長的，孩子的價值觀、人生觀的形成很多都來源於父母，而且，孩子的善與惡、好與壞、成長與否都和父母有著密切的關聯。

如果父母對於家庭教育缺少認知，缺乏科學的教育觀念，甚至簡單的把孩子交給保姆或者是老人照顧，這其實不是一個明智的行為。

試想，一個商人不懂得投資、營運，就很難想像他的經營情況會怎麼樣；一個沒有學過解剖學、不懂得藥理的外科醫生上了手術台，我們就難以想像這個病人到底是生還是死。

同樣的道理，一個不了解孩子的身體、道德、心理等方面的父母，又怎麼會教導好孩子呢？

第二章　孩子成長需要愛的關懷

對於孩子的教育，學校就好像是白天，而家庭則是夜晚。成長的變化，往往在夜晚發生。

我們只需要細心觀察一下，就會發現，家庭的溫暖與否直接影響著孩子的成長狀態。

父母是孩子人生中最重要的老師

教育上的水是什麼?就是情，就是愛。教育沒有了情愛，就成了無水的池，任你四方形也罷、圓形也罷，總逃不出一個空虛。

——夏丏尊

時間過的很快，一轉眼，小史賓賽已經三歲了，我和德賽娜邀請小史賓賽的爺爺、小鎮上面的卡爾牧師一起替他過了一個愉快的生日。

如果說以前我僅僅只是有意圖的和小史賓賽玩一些遊戲，透過遊戲讓他掌握一些知識的話，那麼真正的教育則應該從他三歲以後開始。

有一天晚上，我送走了來訪的客人之後，德賽娜和我就坐在爐旁聊起了教育小史賓賽的事情。

她說：「孩子的童年只有一次，我們應該讓他盡情的玩，至於教育的事情，則應該等到他上學之後，而且像我們這種鄉下地方，教育孩子都是老師的事情，我們做家長的能懂什麼！」

我能夠體會德賽娜的心情，照顧小史賓賽的日常生活已經讓她非常辛苦了，更何況她也只是一個鄉下的婦女，不懂得教育。即使這樣，我還是要告訴她我的觀點，並且希望她能夠支持我對小史賓賽的教育。

第二章 孩子成長需要愛的關懷

父母是孩子人生中最重要的老師

我告訴她，教育孩子，父母是絕對不能夠缺少的，緊接著我講了一個寓言故事。

在很久之前，有三對幸福的年輕人在同一天結成夫妻。就在結婚的那一天，他們在教堂向上帝祈禱，請求能夠賜予他們一個非常可愛的孩子，不管是男孩還是女孩，都要賜予他們健康、智慧、勇敢、愛心。

在第二年，三對夫婦都如願以償有了可愛的寶寶，開始了幸福而又忙碌的生活。

過了二十年之後，三對夫婦再一次回到了他們曾經許願的教堂。第一對夫妻非常沮喪的說道：「上帝啊，我們到底犯了什麼錯，你為什麼要如此懲罰我們，我們的孩子現在已經成為了一個粗暴的人。」

第二對夫妻也哭著說：「上帝啊！現在我的孩子自私、貪婪，而且還沒有什麼本領，這讓他以後如何生活啊？我們老人能依靠誰呢？」

而最後一對夫妻則說：「上帝啊，我們感謝您，您賜予了我們最寶貴的禮物，我們的孩子健康、聰明又有愛心，現在他成長得很好，我們非常的欣慰。」

話音剛落，只見教堂的圓頂上面出現了一道亮光，一個渾厚有力的聲音從上面傳來：

「我親愛的子民啊，二十年前，你們請求我能夠賜予你們聰明、健康的孩子。我答應了你們的要求，把三個可愛的孩子送給了你們。在那個時候，我發現你們每一個人的臉上都充滿了喜悅的神情。當時這三個孩子都是那麼的聰明、可愛，只是每個孩子有著不同的特點和潛能罷了。而且，我賜予他們的這些特點，都足以讓他們每一個人在社會上成為佼佼者。

之所以會出現今天這樣的結果，其原因就在於你們對於孩子的教育方法不同。有的人會細心的培養孩子，就好像在照顧一粒麥子那樣的精心；可是有的家長卻失去了耐性，不僅不會主動尋找合適的教育方法，反而還使用粗暴、蠻橫的方式去對待自己的孩子，結果讓孩子變得越來越糟糕，甚至最後走上了歧途。

我親愛的子民，你們現在該明白是怎麼回事了吧！我要告訴你們，在你們中間，那些細心照顧孩子的，並不都是有錢、有權的人，他們的生活可能也遭受到了厄運，但是他們用自己的耐心和正向心態去培養了一個健康的孩子。」

在聽完了上帝的這番話之後，三對夫婦開始重新審視自己和自己的孩子。

在聽完了這個故事之後，德賽娜的眼眶顯得有一些溼潤。她說：「我沒有讀過多少書，但是我在聽完這個故事之後，才發現父母對於孩子的教育是多麼的重要，以後，我一定會按照你的期許照顧好、教育好小史賓賽。」

對於父母而言，培養好孩子和認真工作是同樣重要的。甚至可以說，培養出一個對社會有用的人才，這已經超過了完成一項本職的價值。所以，我希望每一位家長都能夠提高教育孩子的敏感度，把教育孩子當成頭等大事來做。

讓家庭成為孩子成長的避風港

天賦僅給予一些種子，而不是既成的知識和德行。這些種子需要發展，而發展必須借助於教育和教養才能達到。

——凱洛夫（Kaiipob）

作為家長，我們有的時候沒有辦法改變孩子的處境，哪怕我們早就知道這樣的處境會讓孩子痛苦，可是卻沒有辦法改變。

但是，家長不能夠改變處境，卻能夠帶給孩子一個溫暖的家。一個溫暖的家庭可以幫助孩子化解和淡化各種問題。我一直認為，一個家庭能不能為孩子帶來力量，關鍵在於家庭成員之間的親密程度。

作為家長，我們就是要讓孩子感覺到，不管他在外面遇到了什麼，家庭永遠是他堅強的後盾，是他溫暖的巢穴，是他安全的避風港。

為此，我向各位父母提出了以下幾點建議：

一、珍惜家庭共餐的時間

當小史賓賽長大之後，在一次閒談過程中，我問道，「你認為自己生活當中最幸福的事情是什麼呢?」沒想到小史賓賽回答說:「和爸爸媽媽一起吃晚餐!」也正是這樣一個回答,讓我意識到,家庭成員在一起吃晚餐對於孩子而言有多麼重要。

二、家庭成員間的自我介紹

可能有的家長在看見這個標題之後,會覺得不可思議,身為父母還需要向孩子介紹什麼呢!但是實際情況是:我們和孩子之間只是知道了彼此的名字和長相。

由於我們的工作非常繁忙,很少有時間和機會坐下來聽一聽孩子的心裡話,比如:孩子的夢想是什麼?孩子的興趣是什麼?

做父母的要好好想一想,你有多長時間沒有好好陪自己的孩子,沒有聽孩子說話了?各位家長,千萬不要覺得這是在浪費時間,如果您不去做這些事情,這才是在浪費你和孩子的寶貴時間。

三、適當的讓孩子為家庭分憂

現如今,身為父母的你,如果自己或者親人生病了,家庭經濟出現了危機,甚至遇到親人亡故等一些情況的時候,總是想著要隱瞞孩子。因為我們會擔心這些事情影響到孩子的身心。

其實,我認為我們大可不必這樣,我們在對孩子講這些事情的時候,只要不去刻意的誇大,尊重實事求是的原則,孩子是能夠接受的。

假如你什麼事情都想隱瞞孩子，日後如果孩子知道了這些事情，他們會非常的失望，因為他們覺得你是在忽視、不重視他們。

我覺得，有的時候讓孩子知道這些事情，才能夠讓孩子逐漸成長和成熟起來，建立起獨立生活必備的勇氣。

比如，家庭成員當中的某一個人生病住院了，我們應該第一時間讓孩子知道，並且讓孩子能夠做一些力所能及的事情，比如替父母買一些藥品、分擔一些家務，協助照顧生病的親人等，只有這樣，才能夠培養起孩子處事不驚的勇氣。

除此之外，假如家庭狀況出現了問題，也應該非常坦誠的告訴孩子，相信孩子在知道家庭的現狀之後，一定會學會節儉，放棄一些不必要的奢侈品。

四、定期與孩子一起完成事情

父母即使工作再忙，也應該定期抽出時間和孩子一起完成一些事情。我在教育小史賓賽的時候發現，在任何一個群體當中都是這樣，當一個人提出了一個想法，而大家都為此產生興趣的時候，那麼這個人肯定會特別的高興。

在平時，我會經常和孩子一起做一些事情，比如合力在家庭花園裡面種一棵樹；一起製作一道美味的菜餚等等。我這樣做，就是希望能夠與孩子建立起親密的關係。

五、在孩子睡前講一些家庭的往事

很多父母在為孩子講故事的時候，總是選擇童話故事、成語故事之類的，這樣雖然能夠起到培養孩子快樂學習的作用，但是我覺得，只有與孩子切身相關、緊密連結的事情，他才會更加感興趣。

所以，我希望父母可以多為孩子講一講家庭當中的事情，比如祖輩們的生活、學生時代的父母等，這樣的故事會讓孩子覺得非常真實，也會讓孩子體會到家庭的體貼和甜蜜。

教育孩子是一件快樂的事情

我早已拋棄了這種觀念：高等教育是通往成功或者幸福的必由之路。知識的「溫室」並不會一直生長出可供食用的糧食。

——摩西（Moses）

在小史賓賽五歲的是時候，在我們居住的小鎮上就流傳著這樣的說法：「似乎所有的家庭都在為教育孩子而苦惱，只有史賓賽家除外。」當然，還有的人說：「多數人是在哭泣和叫罵聲中種馬鈴薯，史賓賽家卻在快樂的種金子。」

實際上，真實情況並不像人們所說的那麼誇張，但是在教育孩子這件事情上，我收獲的快樂的確要比苦惱要多很多，而且我一直認為快樂的氣氛和方法要比其他教育方法更加有效。關於這一點，在小史賓賽學習風琴的這件事情上就可以展現出來。

那年夏天，我開始對小史賓賽進行音樂教育，用積攢下的錢為小史賓賽買了一架腳踏的風琴。

當風琴搬回家之後，我對小史賓賽說：「你知道嗎？這是一架充滿魔力的風琴，如果你能夠不斷的用腳去踩踏板，並且同時用手按黑白的琴鍵，那麼你就能夠聽到動聽的歌聲。前提是，你要懂得由七個數字組成的魔法，才能讓它唱得好聽。」

在聽完了我的話之後，小史賓賽非常興奮，風琴一裝好，他就迫不及待的坐了上去，之後就是亂按一氣。雖然不會彈琴的他按出了不成音律的聲音，他還是快樂得不得了，整個下午都興奮的按著琴鍵。

但沒過多久，德賽娜就因為風琴對小史賓賽產生了不滿，在小史賓賽彈奏的不協調的風琴聲中夾雜著德賽娜的尖叫聲和指責聲。

又過了一個月，德賽娜幾乎要崩潰了，她向我抱怨說：「我覺得小史賓賽一點音樂天賦都沒有，那麼簡單的一首曲子，他學了快一百遍了，還是沒有學會……」

我也覺得不能夠再以這種的方式去教育小史賓賽了，於是我對德賽娜說：「不要讓彈風琴變成一件痛苦而有壓力的事情，那樣的話是學不好音樂的，而且還會因為教育方法不當而扼殺了孩子的天賦。」德賽娜聽完我的話，非常不高興的說：「我的教育方式不當？史賓賽先生，那你自己可以來試一下，看能不能把他教好。」

我看到德賽娜不高興的樣子，於是就沒有再談關於風琴的事情。到了晚上，坐在餐桌旁，我對小史賓賽說：「親愛的，我非常喜歡你彈奏的那首曲子，它叫什麼名字來著？」小史賓賽趕緊說：「《林中仙子》。」「對！就是這首，太好聽了，你能夠彈給我聽嗎？」我趕緊問。小史賓賽卻搖了搖頭。我嘆口氣說：「唉，要是我自己會彈就好了，哪怕一小段也行啊！」小史賓賽這個時候說：「那我試試吧。」

他坐下來，輕輕的彈起那首曲子。讓我感到意外的是，他彈得非常流暢，而且輕重也恰到好處，美妙的旋律隨著晚風在夜空中飄蕩。德賽娜用不可思議的眼神看著我。

沒錯，教育就應該是快樂的。當孩子處於低落情緒的時候，他的潛能和智力也都會大打折扣，喝斥和指責並不能夠帶來好的教育效果。

我認為，教育的最終目的就是要讓孩子成為一個快樂的人，為了達到這一目的，教育的方法和手段也就必須是快樂的。就好像一根細細的蘆葦管，如果你從其中的一端注入苦澀的液體，那麼另一端也不可能流出甘甜的蜜汁。

而且我發現，在孩子感到快樂的時候，他學習任何知識也是比較容易的，可是當他精神緊張、情緒低落的時候，自信心就會減弱，這個時候，即使有一個偉大的教育家站在他面前，也不會對他起到任何作用。因此，只有先讓孩子變得快樂，他才能夠自信而專注，才能有較高的學習效率。

有一些人認為有的孩子是沒有天賦的，天生就比其他孩子差，可是實際上並不是如此，只是教育者使用的方法不恰當而已。

在散步的時候，我對德賽娜說，在一個家庭當中，如果沒有了孩子的笑聲和學習聲，那麼這個家庭顯然是沒有希望的。

自從那天晚上小史賓賽流暢的彈奏了《林中仙子》這首曲子之後，德賽娜再也沒有像以前那樣逼迫小史賓賽學琴。

而我每天下班回來之後會請小史賓賽為我彈奏一曲。每當他彈起琴，我就坐在旁邊專注的聽著，輕輕拍著手，打著節拍，這種歡樂的氣氛無疑是對小史賓賽最好的獎賞。

就這樣，他的音樂潛能也被開發了出來，後來他被邀請到教堂裡彈琴，不久之後他還能夠試著自己譜曲，他譜寫的《感恩節的禮物》還被印成了樂譜，許多樂團都曾演奏過。

當然，音樂就好像數學一樣，是講究準確的，在我對小史賓賽進行快樂教育的同時，德賽娜以及小史賓賽的音樂老師對他的長期訓練也起到了非常重要的作用。其實，我一直都認為，除了極少數天才，百分之九十九的孩子在天賦方面僅僅只是特點不同而已，並沒有好壞或者高低的差別。

因此，想要快樂的教育孩子，我們需要注意以下幾點：

(1) 當自己情緒低落的時候，不要去教育孩子，因為這種不良情緒很容易發洩到孩子身上；

(2) 孩子情緒低落的時候，或者剛剛哭鬧之後，不要立即開始教育或強迫他學習什麼，這樣不但收不到好的教育效果，也容易讓自己誤以為孩子的天賦太差；

(3) 在教育孩子的過程中，要努力營造快樂的氣氛，並且經常鼓勵孩子，讓孩子具有成就感和成功的欲望；

(4) 父母也要努力做一個快樂而樂觀的人，要多看孩子的優點，不要悲觀的只注意孩子的缺點。

如果父母對孩子動輒打罵、喝斥，就會打擊孩子的積極性，他會因此而變得情緒低落，學習效率降低。用快樂的方法去教育孩子，才能進入一個良性循環的教育模式，父母會看到孩子的進步，而孩子也會因為不斷獲得成就感而更加努力。

每一個小的進步都會讓孩子增加信心

教育兒童透過周圍世界的美，人的關係的美，看到的精神的高尚、善良和誠實，並在此基礎上於自己身上確立美的品格。

——蘇霍姆林斯基（Sukhomlinsky）

在小鎮上，許多父母都對我說：「為什麼我們已經很盡心的教育孩子了，但是成效卻不明顯呢？這樣下去我們都要失去信心了。」

我認為，孩子的教育是一項長期的工作，和其他特別重要的工作一樣，而這項工作的收穫也是長期的，因此，容易讓人產生失望的感覺。

其實，最好的辦法就是把教育變成一件漸進的、快樂的事情。我們先把要教給孩子的東西做一個分類，比如：

(1) 習慣養成。
(2) 健康塑造。
(3) 語言學習。
(4) 運算訓練。

之後，再擬定一個每週的小計畫，每週都實施一點，就這樣日積月累，自然就會看見成效，

第二章 孩子成長需要愛的關懷

每一個小的進步都會讓孩子增加信心

父母也就能夠從中體會到一種成就感。做事看見了成就，才會讓我們感到快樂。

例如，小史賓賽一直以來都比較散漫，當然，這與我們提供給小史賓賽的寬鬆環境有關。但是，隨著他一天天的長大，已經快到上學的年齡了，於是，我決定開始培養小史賓賽作為一個紳士的習慣。

首先，從整理自己的衣物開始。我們舉辦了一個家庭衣物自理的比賽，看看誰能夠把自己的衣服洗得乾淨，晒晾得整齊，收拾得有序。

在剛開始的一兩天裡，小史賓賽非常有興趣，但是過沒多久，他就不太願意做了。於是我又在家裡面掛了一面小黑板，並且把我們的名字都寫了上去，結果這下子小史賓賽又認真起來了。只要他發現自己的名字下面有一點不好的情況，例如：手帕髒了、鞋子發臭了等，小史賓賽都會馬上進行改正。

就這樣，三個月的時間下來，小史賓賽對於衣著乾淨、整齊這一點已經由興趣轉化為一種習慣，再也不用我們操心了。

在小史賓賽和其他孩子玩耍的時候，不管多髒多亂，我們也不會管，讓他盡情享受這樣的快樂和自由。但是一旦回到了家裡，或者是出門做客的時候，我都會有要求他衣著整潔。

一個有著良好習慣的小孩，他的內心會在培養習慣的過程中變得更加堅強。小史賓賽不管是在教室上面，還是在其他場合，手帕永遠都是雪白的。而他的身體也在這些日常家務事中得到了鍛鍊，肌肉也變得更加結實了。

對於父母來說，做一個漸進的家教計畫會讓自己充分享受到教育的快樂。我為小史賓賽設計了一塊小黑板，後來居然在鎮上流行起來，幾乎每一個家庭都有這樣的一塊小黑板。許多英國教育家對此大為讚賞，並且在全國範圍推廣。

創造一個良好的學習氣氛

只有知識才能夠構成龐大的財富源泉，即使土地獲得豐收，又使文化繁榮昌盛。愚昧從來沒有為人們帶來幸福。幸福的根源在於知識，知識會使精神和物質的貧瘠原野變成肥沃的土地。

——左拉（Zola）

如果有一個孩子總是面對著一位嚴厲訓斥他的老師，哪怕你是他的父母，他也無法感受到你那發自內心的愛，他對你所說的話和所要求去做的事情都會感到厭倦。

很多父母對我說：「我愛我的孩子，可是我又經常『恨鐵不成鋼』。」還有的父母說：「我真的是受不了了！他的學習能力怎麼這麼差？讓他讀書像要了他的命！」可能很多父母都在孩子的身上花費了大量的心血，但是孩子的改變卻很小，這到底是為什麼呢？

我們首先從動物學的角度來看，大自然當中的很多動物對於惡劣的、否定性的環境都具有一種天然的反感心裡。其實孩子也是一樣的，他的反感情緒也可能會因為害怕而有所克制，但是這樣的情緒卻不利於他接受任何知識。

當孩子處於這樣一種狀態之下的時候，他獲得的知識可能就會變得很少，相對的，他可能會學到傳授者一些不好的習慣。

反之，如果孩子能夠在一種友好、親暱、積極的氣氛中學習，他不僅對父母和老師都有著強烈的信任感，而且自身的學習效果也會好很多。

相信大多數人都曾經有過這樣一種經驗：在同一個班級當中，老師大多會寵愛成績好的同學，結果經過老師這樣的寵愛，那些成績好的同學的成績變得更好了。

那麼在這兩者之間到底誰是誰的誘因呢？到底是因為受到寵愛而成績好？還是因成績好而受到寵愛呢？相信這個問題老師和學生自己都分不清楚。不過事實上，大多數的孩子恐怕是沒有這麼幸運的。

其實，父母完全可以從成人的角度來理解孩子的世界。假如你自己在工作當中出現失誤，或者是進度異常緩慢，儘管這些情況有時是在所難免的，可是你還是會受到主管嚴厲的指責，「天啊！你幹什麼呢？你怎麼這麼慢？」「你為什麼又遲到了？」面對這樣的問題，你會做出什麼樣的反應呢？我相信，絕大多數人在剛開始的時候會覺得很反感，之後是厭惡，甚至是憎恨。

但是反之，如果主管能夠在一些恰當的時候給予你鼓勵，哪怕僅僅只是拍了拍你的肩膀，對你真誠微笑了一下，相信你都可能會做得很好。

其實，孩子的處境也是這樣。儘管我們每一個人都有愛，但是要想將愛和有目的的教育做連結，這還需要我們的耐心與技巧。

在對小史賓賽的教育過程中，我認為快樂教育的最佳方法應該是友好與鼓勵。畢竟，在這

第二章 孩子成長需要愛的關懷

創造一個良好的學習氣氛

個世界上，絕對沒有哪一個孩子生下來就反感、厭惡自己的父母，只不過是隨著他慢慢長大，這樣的情況才有可能出現。

有的孩子可能會和父母反目成仇，有的孩子甚至會做出弒父殺母的惡行。那麼這些到底是誰的責任呢？父母？還是孩子？

不管怎麼樣，我們可以肯定的是，一個長期得不到友好、鼓勵和正確教養的孩子，厭惡和憎恨就會在他的心中產生。也就是「野蠻產生野蠻，仁愛產生仁愛」，可以說這是一條不變的真理。

記得有一次，我做了一個關於「友好與鼓勵」的演講，當時小鎮上面的勞爾太太對我提出了這樣的一個問題：「難道孩子犯了嚴重的錯誤時，我們也要對他表示友好和鼓勵嗎？」我告訴她，友好與鼓勵並不是說把孩子的教育死板的套上框架，友好鼓勵是要有的，但是真正應當管教的時候也絕對不能夠心軟。一定要分清楚哪些是道德問題，哪些又只不過是知識技能的傳授問題。我個人認為，有道德過失需要懲罰、命令和禁止，而其他的只不過是方法和效果的問題。

一直以來我都非常反對勞爾太太在家庭教育中那種大呼小叫與小題大做的作法，儘管她自己說：「我需要對他的一生負責，我自己可不願意成為一個沒有盡到教育責任的母親。」

但是我們從實際面來看，小勞爾似乎被害慘了。儘管他並沒有像某些孩子那樣討厭自己的母親，可是他卻正在逐漸喪失信心，這樣的問題也是非常嚴重的。

到了後來，小勞爾被送到了我家，他內心的傷痛在我的友好與鼓勵之下慢慢治癒了，而且他的知識技能也有了很大的進步。尤其令我感到欣慰的是，在很多年之後，小勞爾居然成為了一個植物學專家。

沒有誰願意在批評和責罵聲中接受任何的勸告和教育，我們應該多一些友好，多一些鼓勵，這樣的話，孩子可能會更加願意聽從父母的教導。

孩子是父母的複製品

我們應該把一切改革先放下。我們只有一項任務，就是教育人民，普及知識、宣導科學。這一天到來之時，便是我們振國興邦之日。

——萊昂．甘必大（Léon Gambetta）

有孩子的家庭，就好像是多了一面鏡子，他能夠照出你內心的一切。你快樂，他也快樂；你暴躁，他也暴躁。

關於鏡子的這種發現，後來我又在我的鄰居身上得到了印證。

有一天，鄰居來拜訪我，說他的孩子一天到晚總是無精打采的，感覺對什麼都厭倦了，他非常擔心自己的孩子。我對他說，想要知道你的孩子為什麼這樣，就要先想一想你自己平時的言行，你那無精打采的聲音是否反映著你對生活的失望和厭倦，你妻子尖叫的聲音是否造成了家裡的緊張氛圍。鄰居聽完之後恍然大悟。

其實，教育孩子的過程，也是教育自己的過程，你希望孩子怎麼樣，你自己就應該怎麼樣。在孩子的言語和行為中，我們經常可以聽到、看到自己的言行。

無獨有偶，德賽娜的一個教友姐妹苔絲也遇到了類似的情況。

有一天晚上，她來到我家，和德賽娜一起談到了她的女兒。

她的女兒是小鎮上有名的聰明孩子，現在已經上了小學，每學期考試都是班裡的第一名。苔絲說，她的女兒什麼都好，可是最近的表現卻讓她感到不安。她在教訓她的同學的時候顯得非常刻薄，對班上成績差的同學表現出明顯的蔑視。

如果其他孩子在某些方面做得比她好，得到了長輩或者老師的誇獎，她就會表現的很氣憤。

德賽娜沉默了一陣，把目光轉向我。我經常從德賽娜那裡聽到一些關於苔絲的事，對她的性格，她的刻薄，她愛教訓別人的毛病等，多多少少也有一些了解。於是我笑了笑問苔絲：「是啊，妳沒有發現妳的女兒很像妳嗎？」

我接下來對苔絲說了鏡子這個比喻，苔絲聽後果然有些改變，而她的小女兒也發生了很大變化。

我一直認為，要對孩子進行教育，父母首先要教育自己。在小學、中學、大學，沒有一門課程教人們如何教育孩子，但是，絕大多數人都是會生養子女的，會面臨子女的教育問題。難道子女的教育不重要嗎？相信大家都會否定這種說法，因為每個父母都是愛自己的孩子的，並且希望他們的成就遠遠超過自己。

難道教育僅僅是學校的事嗎？相信許多人都會否定這種說法。一方面是因為學校教育僅僅只是教育的一部分；另一方面是因為每個孩子都是父母的唯一，任何一個成為了「廢品」，這都是一件讓父母感到極為心痛的事情。

第二章 孩子成長需要愛的關懷

孩子是父母的複製品

孩子的生與死、善與惡、成才與否，最終責任大部分都在於父母。把新一代的命運放在對教育沒有進行過一點學習的，缺乏理智的衝動、幻想中去碰運氣，再加上一些不懂得教育的保姆的建議和奶奶的勸告，有時真是一件荒謬的事！

即使是飼養一頭牛、一匹馬，人們也都知道要去獲取一些相關的知識，而對於養育自己孩子這樣一件大事，難道不應該去進行學習嗎？

我們很難想像，一個商人不懂得運算的後果會怎樣；一個沒有學習過解剖，就開始進行外科手術的醫生後果又會怎樣？也很難想像，一個對孩子身體、道德、心智方面了解甚少的父母，如何去指導孩子？

可以想像的結果，只有各種責罵、尖叫、懲罰和兒童無奈的哭聲。

樹立孩子的自信心

享有特權而濫用權力的人是廢物。受過教育而沒有影響的人是一文不值的垃圾。

——亨利．凡．戴克（Henry van Dyke）

自信心這是一個人生命當中正向、肯定的力量，就好像積極樂觀的心態一樣，它是清晨的露珠，閃耀著光澤，它更是雨後太陽光照射下樹影中動人的綠色，它是五彩寶石散發出的熠熠光彩，更是每個孩子走向成熟和成功的動力和源泉。

毀滅孩子的自信，最好的方法就是經常性的指責和否定。相反，想要培養孩子的自信，最好的方法莫過於多給他肯定和讚美，哪怕在讚美當中指出他的一點不足，這樣也是可以增加他的信心的。如果父母已經為孩子做很多了，那麼不妨再加上一點，那就是增加孩子的信心。

在我們生活的周圍，有的孩子家庭環境比較貧困，自身條件也比較差，再加上外界的歧視和不公平待遇，孩子得到更多的是指責和打擊，而讚美和鼓勵對於他們來說少之又少。

相信他們也試圖反抗過，但是柔弱和善良的天性讓孩子反抗的力量是如此薄弱。他們盡力保持著對周圍世界的一點點信任，可到頭來他們卻只得到滿滿的唾棄和厭惡。

這種經歷被描述出來或許會讓更多人產生同情心，但是這樣的心理總是在人們看不見的時候悄悄的進行。時間一長，孩子就會慢慢厭惡自己，為了一點小小的過錯開始懲罰自己，苛責

第二章 孩子成長需要愛的關懷

樹立孩子的自信心

別人，也苛責自己。有的孩子甚至會乾脆站到人群的對立面，厭惡他們，仇視他們。

缺乏自信的孩子經常會因為犯了一點小錯誤就開始過分的懲罰自己，他們害怕與人交流，他們對知識的陌生感和恐懼感也讓他們遠離了知識，並不是因為他們不喜歡學習，而是因為他們總是喜歡把一切事物——包括知識——與別人對他們的歧視和不公平聯想在一起。

在我看來，人類最大的罪惡莫過於殺害另一個人的生命以及毀滅另一個人的信心。二者一種是物質、肉體上的傷害，另一種則是從心理上澈底的把人打倒，甚至是摧殘。

在這裡，我要告訴所有的孩子，我們的身體和心靈都是屬於我們自己的，也許你長得很醜，也許你的課業成績很差，也許你的家庭出身很卑微，但是上帝賜予每個人的權利和智慧都是一樣的，更是公平的。

父母不要對任何一個孩子絕望，就像不要對自己絕望一樣。一定要善於發現孩子身上的優點，千萬不要吝嗇讚美和同情。與此同時還要告訴孩子，失敗就好像快樂和成功一樣，是生活當中的一部分，也許你並不是最好的，但絕對是世界上獨一無二的。

我一直以來都是這樣教育小史賓賽的，而且我還認為：如果不能夠給孩子智慧，就要增加孩子獲取智慧的信心；如果不能給他財富，就要幫他尋找獲取財富的信心；如果不能代替孩子生活，就培養他正向樂觀的生活態度，增加他對生活的信心。

自信心是孩子積極向上、不斷進取的源泉和動力。孩子自信心的培養需要父母給予孩子足夠的信心，以賞識的態度善於發現他的優點，相信孩子是獨一無二的，並且將這種心態傳遞給孩子。

第三章　讓孩子快樂的學習和成長

經過這麼多年的教育，我發現，只有當小史賓賽在一種快樂的狀態下，他的學習才是高效的。

快樂是孩子學習的最佳狀態

志向是天才的幼苗，經過熱愛工作的雙手培育，在肥田沃土裡將成長為粗壯的大樹。不熱愛工作，不進行自我教育，志向這棵幼苗也會連根枯死。確定個人志向，選好專業，這是幸福的源泉。

——蘇霍姆林斯基（Sukhomlinsky）

隨著小史賓賽逐漸長大，到我家裡來請教教育方法的鄰居和朋友也變得越來越多，幾乎所有的問題都聚焦到了一個問題上，那就是如何教育孩子？而這也讓我必須對教育孩子的一些原理性問題進行一個系統的歸納和總結。

想要知道如何教育孩子，首先就要知道孩子在什麼樣的狀態下學習是最有效的。我透過數年來對小史賓賽的教育，以及對心理學的大量研究認為，孩子在快樂的狀態下學習是最有效的。

當然，許多公立學校的校長和老師都對我的這一觀點不以為然。「難道家長把孩子送到學校，就是為了讓他們玩的嗎？」「與其這樣，還不如讓他們自己去玩更好，因為那樣他們才是最快樂的。」

非常遺憾的是，持有這種觀點的人，儘管也是在教育孩子，但是他們卻很少對孩子進行研

第三章 讓孩子快樂的學習和成長

快樂是孩子學習的最佳狀態

究。他們在自己古老而陳舊的教育規則當中機械的工作著。儘管他們有時嚴肅起來就好像一座兇狠的塑像，甚至在大聲訓斥孩子時，訓斥的聲音恨不得整條街都能夠清晰的聽到，但是到頭來，他們教育孩子的效果卻是非常差的。

我曾經做過這樣一個實驗，我帶著兩群孩子來到德文特河邊，我告訴其中一群孩子：我一發號施令你們就跑到教堂那裡去，那裡正在舉行著一場婚禮，第一個跑到那裡的孩子能夠得到一顆糖果。而對另一群孩子說：你們要盡量跑到教堂那裡去，越快越好，誰落後我就會懲罰誰。

緊接著，隨著我的一聲口令，兩群孩子都飛快的跑起來。要知道，從河邊到教堂路程並不是很短。可是最後的結果呢？知道教堂在舉行婚禮的孩子，很多都先跑到了，且他們抵達教堂之後，還表現出了很大的興奮。

而另一群孩子呢？他們有的掉隊了，有的則乾脆跑到一半就停下來，漸漸的，停下來的孩子越來越多，因為正所謂「法不責眾」，大家也就不怕懲罰了。

我們從這個實驗可以看出，一群孩子在開始跑的時候，就已經把「跑到教堂」這件事當成一件快樂的事情，因此跑起來也就變得輕鬆許多；而另一群孩子則是把「跑到教堂」這件事情當成是一項命令，只能夠被動的執行，儘管有懲罰的威脅，作用卻不大。

當然，孩子的快樂方式是多種多樣的，而且大多是沒有社會目的的，而我們要透過教育，引導孩子得到「有目標的快樂」。

因此，對於我們而言，首先應該讓孩子快樂起來，之後再給出可行的目標。

運動讓孩子保持精力充沛

幸福，就在於創造新的生活，就在於改造和重新教育那個已經成了國家主人的、偉大而有智慧的人奮鬥。

——奧斯特洛夫斯基（Ostrovsky）

我經常會在教完小史賓賽一些知識之後，帶著他從鎮上跑步到德文特河邊，並且還要在那裡大喊大叫一會兒，之後再用石塊在河中打水漂，看一看誰打得多、打得遠，或者是用泥沙堆城堡，看一看誰堆得快、堆得高。

就這樣，我們盡情呼吸著夾雜有苜蓿草氣息和河水氣味的空氣，看著夕陽在對岸的小山坡落下，並且把金黃絳紫的餘暉灑在叢林和教堂的尖頂上，可以說這是每天最讓人愜意的事情了。

神祕、壯美的大自然就好像是一隻小牧羊犬，又跳又鬧。還有什麼比這更加美妙的嗎？我認為儘管這一時刻的我們並沒有在傳授知識，但是這實際上也是快樂教育的一部分。

我有時也會想，為什麼小鎮上的其他父母不帶著孩子到河岸邊走走呢？這對於孩子和父母都是一件有意義的事情。

對於孩子而言，心智的成長和身體的成長可以說是同等重要的事情。心智和身體一樣，添加的材料超過一定的量就無法吸收了，如果不能吸收，這些材料自然就不能夠成為心智當中的一部分，在應付完考試，或者是滿足家長的要求之後，可能很快就會從記憶當中溜掉。而且，這種強制性的辦法還會讓孩子對學習知識產生一種強烈的厭惡感，讓孩子產生牴觸情緒。

所以，我把和小史賓賽到河邊運動這件事，看成是快樂教育的一部分。而這樣一項與知識傳授完全沒有關係，而和身體與情緒有關係的活動，所帶來的效果是非常明顯和神奇的。

有時，因為我還有其他工作，不能和小史賓賽一起賽跑，他就會在讀書一段時間之後，自己跑到河邊。

後來，他在一篇文章中回憶道：「這是我熱愛生活，熱愛德文特河，熱愛家鄉的主要原因。」

有這樣一句名言：「教育應該在厭倦之前結束。」這一觀點我是完全贊同的。我主張快樂的教育，而教育也應該讓孩子在身體上得到良好的發展。

自我教育幫助孩子養成自學的習慣

要永遠覺得祖國的土地穩固的在你腳下，要與團體一起生活，要記住，是團體教育了你。倘若哪一天你和團體脫離，那便是末路的開始。

——奧斯特洛夫斯基（Ostrovsky）

一直以來，我並不希望人們把小史賓賽當做神童，或者是天才，因為我知道他的思想和能力到底是如何獲得的。當然，我也不希望其他的父母只是看到結果，而不去學習培養孩子智力的過程。實際上，這是一次漫長的跋涉，充滿了樂趣，當然更需要耐心和智慧。

但是，大多數的父母和老師卻總是面臨這樣的問題：一是孩子的興趣可能是五花八門的，而很多看起來似乎沒有發展前途，也和他之後面對的社會完全沒有關係；二是孩子的興趣往往是多變的，經常是今天喜歡這個，明天喜歡那個，怎麼可能完全依靠興趣去發展呢？

三是很多孩子所表現出來的興趣與父母的期望截然相反，誰願意違心的去滿足孩子的興趣呢？例如，一個孩子可能對烹飪產生了濃厚的興趣，但是父母卻只希望他去學習鋼琴或者小提琴。

我認為，孩子的興趣不管看起來有多麼的沒用，多麼的千奇百怪，也可以通向對他一生具有極大意義的自我教育，而一旦他獲得了這種能力和習慣，他就會成為一個傑出的、優秀的、有教養的人。

如果孩子對烹飪感興趣，那麼請從烹飪開始；如果他對木工感興趣，那麼就從木工開始。

通常情況下，如果一個孩子不具有某方面的潛能，那麼他偶然產生的興趣可能很快就會發生轉移，趨易避難可以說是動物的本能，人類當然也不例外。

如果一個孩子對於烹飪有長期的興趣，那麼至少可以說明：他的味覺是非常敏感的；他擅長把事物進行組合和搭配，以便達到某種效果；他會注意到事物的變化和變化程度；他對於量和度具有直覺能力；他喜歡群體，並且懂得如何讓別人獲得滿足，從而得到回報、讚美、快樂。

你也許會覺得這是對一個具有領導和組織才幹的人的描述，事實情況正是如此，在各種團隊的領導者當中，愛好烹飪的人占了絕大多數。

當然，他也可能會成為一個廚師，關鍵問題在於他是否能夠得到正確的引導，只要認真分析，你就會發現，每一種興趣都會有「有價值」的指向。

那麼，如何利用興趣幫助孩子進行自我教育呢？在這裡我有一些建議：

(1) 提供必要的幫助，比如工具、材料、書籍，但是僅僅提供必要的幫助。

(2) 從興趣到成果的過程一定要完整的交給孩子自己，在遇到困難的時候，適當給予孩子鼓勵。

(3) 把孩子的興趣變成對家庭有用的東西，能夠讓他感覺到自己的興趣和付出的價值。

(4) 讓孩子有機會自己去進行講解。

（5）提出一些新的問題，讓孩子自己去尋找答案。

除此之外，我們還需要為孩子準備必要的自我教育工具。如果孩子對植物感興趣，那麼他肯定就會專注於植物是如何發芽、長葉、開花、結果的，可是由於他的身邊沒有這樣的書籍，對於如何製作標本、如何收集、如何整理都不知道，那麼他的興趣也就停留在了第一個階段，之後就會逐漸消失，那麼我們還談什麼培養自我教育的能力呢？

所以，父母應該為孩子準備一些和他興趣相關的東西，甚至是一些書籍。當然，書並不一定要有很多種，有的時候越多，孩子反而越不會珍惜，關鍵是要挑選一本好書。

我們還可以讓孩子參加一些興趣小組，或者是兒童協會，「傷心需要自己料理，快樂則需要有人分享」，這一句話其實也同樣適用於孩子的自我教育，可以讓孩子組成活動小組、興趣小組，讓他們彼此間互相激勵、交流，當然也可以把興趣與一定的團隊目標結合起來。甚至還能讓孩子找到志趣相投的朋友。

父母還應該讓孩子自己擬定一個計畫。幾乎每一個孩子，天生就是缺少時間概念的。他們總是渴望自由，無拘無束，但是如果不加指導就把時間交給他們，他們就會像揮霍空氣一樣毫不珍惜。

可是，如果我們替他們制定一個計畫，孩子可能會感到厭倦，也可能會完全心不在焉。而這些也是父母對教育失去信心的一個重要原因，那麼我們到底應該怎麼做呢？

我個人認為，比較恰當的方式就是讓他自己做一份每天的時間安排表。當然，許多孩子可能在剛開始的時候會按照時間表去做，但是過幾天又忘記了，此時除了父母必要的提醒之外，還可以針對孩子每天完成計畫的情況進行評分。一週下來，一個月下來，做一個評價，並且給予適當的物質和精神獎勵。

不快樂：扼殺孩子學習興趣的毒藥

科學書籍讓人免於愚昧，而文藝作品則使人擺脫粗鄙；對真正的教育和對人們的幸福來說，兩者同樣的有益和必要。

——車爾尼雪夫斯基（Chernyshevsky）

上帝所賦予每個孩子的本領是不同的，而目的就是為了讓每一個孩子在不同的領域都能夠成為有用的人才，可是對於這一點，我們做家長的卻常常忽略了，結果成為了孩子不快樂的源頭。

而就在三個月之前，由於我在教育上面的一些影響，城鎮上的公立學校校長，帶了三個只有十幾歲大的孩子到我家裡拜訪。校長讓我無論如何都要幫幫這三個孩子，因為他們在學校的課業成績很差，而且很調皮，校長和老師已經沒辦法管他們了，最後把他們送回家裡，但是這三個孩子的父母又把這三個孩子送回來，央求校長和老師收留他們的孩子，因為其他學校都不願意接受他們。

我當時看看了這三個孩子，第一印象是三個很普通的孩子，並沒有表現出特別的令人討厭，或者特別的可愛。最後我答應會引導他們，但是我告訴校長，我明天要去學校接他們。

我其實有別的考量，因為我一直以來都認為，和不良的孩子在一起，孩子更容易染上壞習慣，這比使他們養成好習慣容易得多，所以，我打算先把小史賓賽送到我父親那裡，以免他受到不良的影響。

就在第二天，這三個孩子來到了我家，可能是因為陌生的關係，或者是我的教育成就嚇到了這三個孩子，他們表現得非常規矩，根本就不像校長之前說的那麼調皮。

對於這一情況，我也是早有準備，這三個孩子也想盡量了解我，但是我更迫切希望了解他們。因為我不希望他們感覺像醫生替患者看病那樣來對待這件事情。於是我對這三個孩子說：「孩子們，從今天開始，直到這個暑假結束，我們就是一家人了，大家都是這個家庭的成員，所以我們必須一起讀書，一起工作，一起玩遊戲。我非常歡迎你們來到這裡，今天晚上，我就在花園為各位準備一個歡迎儀式，而明天白天我們就要去鎮上的木器廠工作，賺我們的工錢。」

木器廠這是最近我經常去做一些教具的地方，當他們得知這一消息之後高興壞了。當我們來到木器廠的時候，工人都說：「大家看，史賓賽先生又收了三個徒弟。」孩子聽到這話非常高興。

經過一整天的工作，三個孩子顯然身體上有一些疲倦，可是興致依舊很高昂。晚上我為孩子買了一些糕點，並且在花園裡吃起來，之後，我們又玩起了紙牌遊戲。

我從三個孩子的描述中知道了他們討厭唸書的原因。

第一個孩子的描述我聽完之後甚至有一些心酸，他說：學校就好像是一座恐怖的城堡，而老師總是喜歡用非常刻薄的話來譏諷我，我們班有一個人總是欺負我，他長得比我強壯，我打不過他，可是老師卻很少出來主持公道，反而什麼事情都說是我的錯。我每天早上起床，一想到要去學校，就特別的害怕，實在是不想去。

第二個孩子是這樣描述的：我之前的課業成績還可以，但是自從弟弟出生之後，媽媽就不喜歡我了，總是嘮叨我，有時甚至會為了一點小事就大聲責罵我，我現在不好好唸書就是為了氣她。

第三個孩子是這樣描述的：我非常羨慕那些成績比我好的同學，我自己也想好好唸書，但總是無法控制自己。每次老師在講課時，我根本就聽不進去，心思早已飛到河對岸的森林裡面去了。

其實每次老師把我的父母叫到學校來的時候，我心裡也挺後悔的，後悔自己怎麼這麼笨，管不住自己的心思。有的時候我特別羨慕小史賓賽，覺得自己要是能夠像小史賓賽那樣就好了。可是每次我把這話說出來，我的父親就會狠狠的罵我，說我這是白日做夢。

就這樣，透過遊戲，孩子心中的祕密一下子就在我的面前轟然打開了。第一個孩子一直生活在老師不公正的恐懼當中，而這樣的陰影早就挫傷了孩子的自尊心，試想他怎麼可能還喜歡讀書呢？他只是一個孩子，我們沒有辦法要求他像成人一樣忍耐各種不公平，他也沒有學會像成人那樣來保護自己的自尊心。

第二個孩子的行為則是出於他對母親的一種叛逆情緒。

第三個孩子則完全是他的天性使然。

第三章 讓孩子快樂的學習和成長

不快樂：扼殺孩子學習興趣的毒藥

我在了解三個孩子的情況之後，首先肯定了他們每個人的內心都是想學好的，之後我設計出不同的訓練課程，這些課程主要就是為了驅除他們心中不快樂的陰影而設計的。

我認為，如果不先消除孩子內心深處的東西，想要孩子真正的接受快樂教育是不可能的，而且現在這樣的情況是非常嚴重的，幾乎可以說是把三個孩子葬送掉了。

最後，我和第一個孩子聊得最多的話題就是一個弱小的人應該如何透過特別的、別人沒有的境遇，發現真理，成為真正的強者。就這樣，這個孩子內心的恥辱感沒有了，反而還激發起他一種強烈的使命感，最後這個孩子居然成為了英國著名的律師。

對於第二個孩子，我則讓他嘗試理解自己的母親，由於母親本身沒有接受過多少教育，所以我們應該主動理解母親，就這樣，他最後成為一個受人尊敬的牧師。

對於第三個孩子，我在這個夏天教給他研究動物的方法，就這樣，多年之後，他成為了一個著名的鳥類學專家。

其實，每一個家長都應該感謝上帝，祂賦予了每個孩子不同的才華，但是如果家長不懂得，可能就會扼殺孩子的才華，要知道，即使是一個天才，也有可能被不快樂所扼殺！

同情心：讓孩子感受到父母的愛

既然習慣是人生的主宰，人們就應當努力求得好的習慣。習慣如果是在幼年就開始的，那就是最完美的習慣，這是一定的，這個我們叫做教育。教育其實是一種從早年就開始的習慣。

——培根（Bacon）

有一次，當我與朋友在談到這個問題的時候，他十分詫異的反問我：「父母難道還會對自己的孩子缺乏同情心嗎？」

可是現實情況卻是，很多父母對自己的孩子真的沒有一點同情心，原因其實很簡單，僅僅是因為他是我的孩子。

當然，這個「我的」不僅包含了不容置疑的意思，還包含了因為是「我的」，所以根本用不著去同情的意思。

當一個同事在工作中出現了差錯，受到主管的訓斥，薪水被扣，職位被降的時候，一般都會有人來安慰他：沒關係，下次工作的時候多加注意就行了。

可是如果孩子的課業成績不理想，或者沒有達到父母所要求的標準，那麼孩子輕者受到一陣怒罵，重者甚至是一頓暴打。

假如一個同事的頭不小心被撞了一下，出現了一道傷痕，人們總是會非常關心的說：「你這是怎麼了？一定很疼吧，趕緊去醫院包紮一下吧。」

可是如果是自己的孩子呢？當他在踢足球，或者是做其他事的時候腳受了傷，那麼父母一定是先尖叫著責罵一番，等到父母的怒氣發洩完之後，才會帶著孩子去醫治，有的父母甚至會把這種痛楚看成是對孩子所犯「錯誤」的一種懲罰：「誰叫你要去踢球，這麼不小心。」

那麼，這究竟是怎麼回事呢？難道父母真的對孩子缺乏同情心嗎？我透過研究發現，確實如此。

每一個人在生活當中都曾經歷過挫折和失敗，可能大人對這一點體會得更加深刻，但往往忽視了孩子也是有這些感覺的，因此，父母對孩子就很少有這樣的同情心。而且，也正是因為缺少這種同情心，反而會深深傷害孩子的感情和自信心。

我從小史賓賽和鄰居的孩子身上深深體會到，教育當中一個重要的原則，就是要對孩子有同情心。

同情這是上帝賜給每一個人最寶貴的特質，他可以讓父母去了解孩子，認識孩子，也只有這樣，才能夠在教育者和被教育者之間建立起一種真正的信任。而且更重要的是，同情心，這是孩子在精神和肉體上受到傷害時的一道神奇的光芒。

每一個孩子，相對於他們所面對的成人世界和自然世界而言，他們都是那麼的弱小，但是每一個孩子又都能夠從肉體到精神上獲得希望。

當然，我在這裡需要特別提醒大家的是，孩子越小，心理自助調節能力也就越差：零到三歲的孩子幾乎是自助能力的，而三到七歲的孩子則有很少的心理自助能力，七到十二歲的孩子一般也是很少的，但我們卻能夠看出他們已經明顯有這方面的意識。在這個階段，環境就好像是做陶瓷的陶坯，如果長時間處在一種不快樂的畸形環境當中，孩子的階段性心理就會成為他以後性格的原型。

這些都是透過長期的努力研究發現的，與母親在身體和感情上交流較少的孩子，對女性就會有一種天生的、強烈的羞怯感，或者對女性缺乏一種正確的判斷，如果嚴重的話，還會出現心理變態，對女性進行報復。

而經常受到父親毒打、喝斥、教訓的孩子則會形成一種非常明顯的叛逆性格，沒有辦法與社會合作，很難融入到團隊當中，對合理的規則也會有天然的反感情緒。

其實，當我們看一看自然界，就會發現這樣的規律：幼鳥總是因為身體和感知能力的弱小而被其父母精心照顧著，人類也應該是這樣的。

所以，身為父母，應該時常以同情心去體會孩子在各種困境當中所遭受到的不快樂。一旦父母知道了是什麼原因導致孩子的不快樂，要想幫助孩子解決問題就變得容易多了。

當然，這並不是說不去對孩子的一些錯誤、過失進行指導和管教，只是應該在這些活動當中具有同情心，千萬不要一味的訓斥。

分數不代表一切

經歷過無憂無慮的童年之後，孩子肯定要走進學校，去進行各種課程的一個系統性的學習。在學校裡，考試也成為了檢驗孩子學習成果的一種手段，而且，也只有考試才會出現優劣與勝負，分數這個時候也就成為了檢驗教育效果好壞的一個標準。

孩子原本以為會進入到一個快樂無比的課堂，但是由於考試和分數的存在，讓孩子在一開始就要面臨競爭。而緊接著，就是評判、勝利的榮譽和失敗的恥辱。

有一些孩子在好分數的鼓勵下，越來越好；但是有一些孩子由於一次或幾次較差的分數就受到了挫折，而變得越來越差。

我認為，想要考評學生一段時間以來的學習成果，分數僅僅是眾多方法之中的一種而已，在小學階段就用分數來評判學生的優劣這是絕對不客觀的。

這是因為，第一，很多考試題目都是非常機械的，有的時候僅僅只是出於打分方便而出的題；第二，在這個年齡階段的孩子，一旦分數低，就很容易對孩子形成一種差勁和無能的暗示。特別是當這種暗示還是來自孩子所敬畏的老師，那麼他就更容易出現挫折感。許多父母其實並不知道這些分數的真正涵義，他們可能會對孩子如此低的分數感到非常憤怒和生氣，而這也就更加加重了孩子的挫折感。

也許有的人會說，分數就是要激勵好學的人，警醒不好學的人。但是，我卻感覺這是一種似是而非的觀點。因為對於孩子來說，道德、人品等方面都是可以用榮譽來刺激的，但我認為，唯獨知識與學習是不適合用這樣的方法來刺激他的。

一個孩子如果經常在這樣一種刺激的環境下學習，很容易就會失去對學習和求知本身的樂趣。也許他體會新知的次數就會越來越少，相反，他會不斷去追求一些標準答案，對知識本身的關注度也會隨之下降。我們從表面看來，分數高的孩子是一個優秀的學生，但也許他失去的比得到的要多許多。對於那些成績不好的孩子，這種警醒勢必是一種不快樂的感覺，有的孩子甚至因此一蹶不振。

我們身邊也有許多這樣的例子：有的孩子在小學階段因為考試分數高，經常被老師和父母讚賞與鼓勵，然而當他進入到中學、大學，或者出社會以後，往往並沒有取得什麼成就，因為由此而來的眾人的高期望為他帶來了壓力，一旦失敗他又會備受挫折的折磨。但恰恰相反的是，那些因為成績不夠好而不被重視的孩子，很多卻因為好人品與高成就而成了受人尊敬的人。

鑑於此，我建議所有的父母，不要將孩子的考試分數看得太重，它只不過是一個暫時無法改變的事實，不能夠就此判斷一個孩子是好還是壞，是優秀還是差勁，更不要因為成績好而感覺到有什麼值得榮耀的，也不要因為成績差而覺得這是一件恥辱的事情。父母應該多關心孩子的思維能力、學習方法，重視孩子寶貴的興趣與好奇心。

我認為，絕對不能夠以分數來評判孩子，這是最尊重他成長規律的做法。如果有人單憑幾道題做對與否就準確判斷出一個孩子的優劣，那這個人不是天才就是先知了。

分數不能作為評判一個孩子優秀與否的標準，即便是為了鼓勵他學習，也應該尊重他的成長規律。父母要多多了解孩子的興趣、思維，而不僅僅是那幾個單薄的數字。

第四章　培養屬於孩子自己的智慧

孩子智慧的培養可以是多方面的，就好像大自然的樹木，有的樹木能夠結出果實，有的樹木卻只能開出花；而不同樹木結出的果實品種和品質又是不一樣的。不同的孩子，有不同的智慧，培養他們的關鍵是看我們如何找對方法，以及如何讓孩子運用自己的智慧。

相信孩子，對孩子有信心

學校的理想是：不要讓任何一個在智力方面沒有受過訓練的人進入生活。愚蠢的人對社會來說是危險的，不管他們受過哪一級的教育。

——蘇霍姆林斯基（Sukhomlinsky）

假如有一天，老師告訴家長，某某某的孩子比較聰明，某某某的孩子稍差一點，某某某的孩子簡直就是一個笨蛋……家長聽完之後會怎麼想？有的家長會相信，有的家長則會半信半疑。

如果又有一天，老師拿著智力測驗表和考試的成績單告訴家長：「你自己看吧，我說的沒錯吧！」果真如此，某某某的孩子智力測驗的結果在一百二十分以上，而某某某的孩子只得了九十分，某某某的孩子甚至不到八十分……再看看他們的成績單，大致也是如此。家長看完後會怎麼想呢？可能會從半信半疑變成完全相信了。

難道上帝真的把聰明給了某些孩子，而只給了某些孩子平庸的天資，甚至是愚蠢嗎？其實事實完全不是這樣的！

除了極少數智能障礙的孩子，以及天才、神童之外，絕大多數的孩子僅僅只是存在智力特點方面的區別，而絕對不存在智力高低的差別。

第四章 培養屬於孩子自己的智慧

相信孩子，對孩子有信心

每個人所表現出來的智力在這個人的潛能當中所占的比例僅僅只有萬分之一。即使是少數智力和身體存在缺陷的孩子，他們的狀況則更多是因為現實的條件和教育方式所致。

就好像我們在還沒有開採石油之前，並不能說明石油是不存在的。即使這個地方不儲藏石油，也不能夠說明這個地方沒有儲藏其他有價值的東西。

「智商」的概念和考試題目一樣，也是人為的。「智商」最多只能夠證明一個孩子學習成績的百分之三十五至四十，而剩下一半以上的成績是絕對不能用「智商」來解釋的。

就好像智商研究方面的專家榮格所說：「如果僅僅依靠智力測驗來選拔孩子的話，我們就淹沒了百分之七十的有創造力的人才。」

再讓我們一起去看看大自然的樹木吧，有的結了果子，有的則沒有。哪怕就是在果樹當中，有的結的是蘋果，有的結的是梨。結果的樹可以為我們提供水果，供人們食用，不結果的樹則可以成為棟梁之材，也具有使用的價值，其實，最關鍵的問題在於我們用什麼方法培育和利用它們的價值。

而且更加神奇的是，人類可以說是世界上最神奇的「物種」，是具有靈性和稟賦的。如果簡單的用聰明與遲鈍這樣的字眼去形容和判斷一個孩子，那麼結果和判斷者一樣都是不明智的。

把一個孩子判斷為愚蠢，這是一件很簡單和很容易的事情，因為這樣做不用承擔任何責任。於是有的父母就把希望又寄託在第二個、第三個孩子的身上，當然，其他孩子最後的結果我們也可想而知了。

我在這裡要告訴所有父母的是——堅信，要堅信自己的孩子與別人的孩子相比，僅僅是特點不同，而絕對不是在智力程度上存在差異；堅信這種不同的特點，要對自己的孩子有足夠的信心，這不僅能夠讓自己變得樂觀自信，也可以讓孩子變得樂觀自信。關鍵是我們要長期保持這份信心，並且把其轉化為可以具體實施的計畫。

當然，我也要告訴各位父母，培養和教育孩子是一件造就他人的善行，對孩子充滿信心，也就是對造物主有信心，而且所有的培養和教育信念就是：讓他（她）的潛能得到最大限度的開發，讓他（她）成為一個對別人、對社會、對國家有貢獻，而自己也快樂富足的人。

為此，我建議各位家長可以這樣展開孩子的智力教育：

(1) 相信每個孩子僅僅是特點的不同，而沒有優劣之分。

(2) 相信你在改變自己的時候，孩子也會得到改變。

(3) 相信每個孩子都具有比當下更大和更精彩的潛能，你需要做的就是去挖掘它們。

(4) 即使在教育上遇到了極大的困難，我們也要堅持，只要堅持到底，許多奇蹟也同樣會發生。

(5) 相信生命孕育和誕生如此偉大而神奇的工作，它的「產品」不可能像一般事物那樣的簡單。

(6) 對所有否定孩子智力和潛能的說法，都要進行勸戒，如此一來，孩子的信心不僅不減，反而增加。

(7) 制定一個短期和長期的智力教育計畫，並且堅持實施，正所謂：「只求耕耘，不問收穫。」

(8) 相信培養、教育孩子和勤勞的做其他工作一樣，是一件善行。

尋找孩子的天賦特長

不要教兒童科學，而是要他自己去發現科學。如果任意的教他，以老師的權威代替兒童理性的活動，則兒童理性停止活動，而成為他人意見的玩物。

——盧梭（Rousseau）

如果讓你描述一下自己孩子的特點，相信所有的記憶會如潮水一般湧現，這也正是了解自己孩子的基礎。

那麼，以下是每個孩子具備的基本表現形式，讓我們來看看孩子具有哪些方面的潛能和特長。

(1) 他在背詩和有韻律的句子的時候表現得很出眾。
(2) 他非常注意你的情緒變化，比如你的愁悶、高興，他還會做出反應。
(3) 他常常問類似「時間從什麼時候開始」、「為什麼行星不會撞到地球」等這樣的問題。
(4) 只要是他走過的路，就很少迷路。
(5) 他走路的姿勢非常協調，隨著音樂還能夠做出優美的動作。
(6) 他唱歌時候的音階很準。
(7) 他經常會問「打雷、閃電和下雨」是怎麼回事，充滿了好奇。

第四章　培養屬於孩子自己的智慧

尋找孩子的天賦特長

(8) 你如果用詞錯誤，他會及時替你糾正。
(9) 他很早就會綁鞋帶、騎腳踏車。
(10) 他特別喜歡扮演什麼角色或者編造什麼故事。
(11) 外出旅行的時候，他可以記住沿途的標記，並且會說我們曾經來過這裡。
(12) 他喜歡各式各樣的樂器，並且能夠分辨它們的聲音。
(13) 他畫的地圖非常標準，路線也很清楚。
(14) 他擅長模仿各種身體動作和臉部表情。
(15) 他擅長把各種雜亂的東西進行分類。
(16) 他擅長把動作和情感做連結，比如他經常說：「我們興高采烈的做這件事。」
(17) 他講的故事非常精彩。
(18) 他會對不同的聲音發表評論。
(19) 他經常說誰比誰強。
(20) 對於別人能夠完成和不能夠完成的事情，往往可以做出正確的評價。

其中（1）（8）（17）代表孩子在語言方面有天賦。具有這種才能的孩子，很早就會是一個興致盎然的交談者，他們能夠使用獨特的詞句來表達，很容易說出一些新詞彙或者長句子，而且很早就會講故事。

具有語言才能的孩子，父母應該時常請他描述一些東西，比如一件事情、一個自然現象等等，並且能夠經常為孩子提供這方面的書籍。

其中（6）（12）（18）表現的是音樂才能，這類孩子在很小的時候（兩到三歲）就能夠非常專心的傾聽那些有規律的聲音，只要音樂一出現，他就會瞪大眼睛專注的聆聽，這個時候他所表現出來的專注程度，甚至連七八歲的孩子都比不上。這些都說明孩子在音樂方面有著很大的潛能。

其中（3）（7）（15）代表有數學、邏輯方面的天賦。他喜歡玩跳棋和象棋，能夠迅速說明一些等量關係。如果給他一些混亂的玩具，他們則會分門別類的把它們歸類。這種孩子，也許他上學之後，數學成績並不是非常的理想，但是他在這方面的潛能是毋庸置疑的。

其中（4）（11）（13）是空間方面的才能。他的想像力非常豐富，對繪畫、機械組裝有著強烈的興趣。因此，我們應該多帶他著他遠行，並且能夠讓他從小就玩畫地圖的遊戲。

其中（5）（9）（14）表現的是身體動覺才能，通常運動員和舞蹈家都具有這方面的天賦。

（10）（16）（20）是自我認識的才能。（2）（10）（19）是認識他人的才能。這類孩子對於自我和別人經常會不由自主的做出判斷和反省，具有與人交往、溝通、組織方面的潛能。

在日常生活當中，每個孩子表現出來的潛能不盡相同，有的早一點，有的晚一點，有的強一點，有的弱一點，但是這並不代表孰優孰劣。

有的孩子有時可以表現出多項潛能，甚至是全部；有的可能只有過一項或兩項。這也不說

第四章 培養屬於孩子自己的智慧

尋找孩子的天賦特長

明孰優孰劣，關鍵在於他日後如何平衡發展。

現如今，我們再看一看自己的孩子，可能就會發現這樣一個事實：任何一項潛能表現都沒有的孩子幾乎不存在。所以，我要告訴各位父母，上帝並不是特別照顧一些孩子，而拋棄另一些孩子，每一個生命都具有靈性和天生的稟賦，關鍵在於我們怎麼去培養和開發。

與此同時，我還注意到這樣一個事實，一些在某些方面表現出潛能的孩子，到後來卻完全喪失了這方面的能力；而另外一些不太具備某項潛能的人卻在這方面取得了很大的發展。由此可見，後天的教育和自助學習對於孩子的影響是非常重要的。

因此，我對父母提出以下幾條建議：

(1) 隨時留心觀察你的孩子，了解他的潛能和特長。

(2) 對於孩子所表現出來的潛能方面，即使你不希望他選擇這方面作為發展方向，也千萬不要完全限制他，至少他有權利擁有這方面的愛好。

(3) 不否認每種潛能的價值。

(4) 對孩子暫時不擅長的地方，也可以放入培養的行列。

(5) 對於孩子在語言方面、數學邏輯方面，以及對人的認識方面的能力，應該視為基本能力進行開發和培養。

(6) 一旦發現孩子某一方面的潛能，就應該為孩子設計一份不同階段的計畫，並且要堅持實施下去，這是決定潛能是否得到充分發展的關鍵。

真正的力量來自鼓勵和愛

教育技巧的全部訣竅就在於抓住兒童的這種上進心，這種道德上的自我勉勵。要是兒童自己不求上進，不知自勉，任何教育者都不能在他身上培養出好的特質。只有在老師首先看到兒童優點的那些地方，兒童才會產生上進心。

——蘇霍姆林斯基（Sukhomlinsky）

在培養孩子智力的過程中，「揠苗助長」和「放任不管」都是錯誤且有害的。而比這兩種方式更加有害的則是懲罰和暴力。

懲罰和暴力通常是父母教育孩子的最後一招，但是我認為，這也是最不可取的一招，因為它沒有什麼效果，特別是在智力培養方面。在一些涉及道德、倫理的問題上，父母用這種方法並不是完全沒有必要的，可是在智力上面卻是恰恰相反的。

我幾乎看到了上百個這樣的例子，父母、老師「義正嚴辭」的質問孩子：「這麼簡單的問題你都不會做嗎？」，「你不好好記住它，今天就不准出去玩！」，「你怎麼這麼笨？」等等，父母的憤怒會讓空氣顫抖，激烈得震耳欲聾，但是孩子的表現呢？他們除了緊張的盯著地面，或者木然的瞪著書本，其他什麼也不知道了。

父母或者老師這樣做的目的，無疑是要讓孩子集中注意力，希望能夠透過訓斥與懲罰，把他們的心思鎖定在所從事的事情當中。結果卻往往不盡人意，憤怒的措辭或打擊會造成孩子內心產生一種恐懼心理，而且這種情緒會迅速蔓延，從而占據他的身心，讓他們再也沒有辦法容納其他的東西，大腦一片空白，對自己和別人所說的事情不知道該怎麼做。此時此刻，孩子就已經喪失了對環境的洞察力，心裡紊亂、慌張，在這種狀態下，他怎麼可能真正學習知識呢？

其實，漫不經心、粗枝大葉、見異思遷，這些都是孩子在兒童時期的自然表現，甚至有的時候他們還會「有意」這樣表現，當然，有的時候也是「無意」的。「有意」的行為顯示了他的反抗情緒，一般情況下，只要你說出了他的情緒來源，孩子就會自動放棄這種情緒，畢竟從性格上講，孩子並不希望長時間與成人對峙。而對於「無意」的表現，身為家長則應該溫和的提醒，給他緩慢調整的時間。

父母頻繁的訓斥和懲罰，就會讓孩子留下一個可怕的、令人不安的印象。就好像是一個危險信號，只要你一出現，孩子就會變得緊張，倘若如此，是沒有辦法達到任何教育目的的。

身為父母，我們可以想一想自己在兒童時代的類似經歷。當你被訓斥、懲罰的時候，你還會有心思去學習嗎？顯然是不會的，你唯一注意到的就是懲罰者的表情，你會觀察情況是進一步惡化，還是會有所緩和。

事實上，每個父母對孩子都是有支配權的，但是每個父母和老師都應該慎用這樣的權力，千萬不要成為恐嚇孩子的稻草人，讓孩子在恐懼的情緒當中成長。

也許，這樣的辦法能夠讓孩子變得容易管束，但是對於孩子來說，益處卻是微乎其微。一旦孩子出現了這樣的情緒，那麼就應該停止學習。就好像你不可能在一張抖動的紙張上面畫出多麼美麗的圖案，同樣的道理，你也不可能在一個顫抖的心靈留下什麼有用的知識。

我認為，在對孩子進行智力培養的時候，你應該經常流露出親切和善意，而這種親切和善意的情感可以有效激勵孩子，讓孩子樂於聽從來自父母或者老師的指導。只有在一種寬鬆、舒適的氛圍之下，心靈才能夠接受到新的知識，也才能夠容納新的印象。

我的一位在哈佛大學任教的朋友威克，他曾經在信件中向我回憶起他父親的教育：

「我父親幾乎總是訓斥我、指責我，有時甚至會用皮帶或樹枝打我。可是後來想想，我在那個時候幾乎沒有學到任何東西。

但是有一次，他冒著大雪，步行三十多里路只是為了替我買一本書，而且他回來的時候天色已經很晚了，那一次，父親真的給了我從來沒有過的學習動力。」

教育和培養孩子，我們應該要注意以下幾點：

(1) 恐嚇和訓斥對孩子的智力發展是沒有益處的。
(2) 教育和培養任何孩子，都有著比暴力更好的方法去啟迪智力。
(3) 孩子只有在安閒、自在、快樂的時候才能夠更好的獲得知識。
(4) 許多孩子都為學習受過懲罰，但真正的力量不是來自鞭子，而是來自鼓勵和愛。
(5) 明白教育應該什麼時候停止和明白它在什麼時候開始一樣重要。

繪畫是一種自由的表達

體力活動對於小孩子來說，不僅能獲得一定的技能和技巧，也不僅是在進行道德教育，它還是一個廣闊無垠的、驚人的、豐富的思想世界。這個世界激發著兒童在道德、智力、審美方面的情感，如果沒有這些情感，認識世界就是不可能的。

——蘇霍姆林斯基（Sukhomlinsky）

繪畫難道只是一門單純的技藝嗎？它對孩子的心智培養能夠起到普遍的作用嗎？它到底能不能成為早期教育的一部分呢？

很多年來，人們一直在爭論著這些問題，當然，也進行了大量的教育實驗。但是現如今，這一問題已經找到了一個確切的答案：繪畫，在孩子的早期教育中是孩子智力教育的重要內容之一，而且，如果能夠讓孩子自己完成繪畫，這更是一個快樂的自我教育過程。

每個孩子的周圍都會出現許多人物、房屋、樹木、動物，不管他們的手中是有紙筆還是其他一些繪畫工具；也不管是在家中還是在野外，孩子都會有一種強烈的想要描畫的意識。孩子會努力的把自己看到事物畫出來，之後又興奮的拿給別人看。對於孩子來說，他的這些畫就好像一種信號，告訴老師和父母要培養他這方面的能力。

對於老師和父母而言，再也沒有哪件事情比這更加讓人興奮的了，可是，想要透過繪畫來對孩子進行教育和培養，還需要一些恰當的方法。不然的話，孩子的觀察能力、描摹能力、色彩感和空間感知能力，是沒有辦法得到長足發展的。

孩子在繪畫的時候，最開始只是對色彩感興趣，對輪廓並不是特別的重視。如果我們允許孩子在圖案上面塗上他喜歡的顏色，孩子通常會感到非常的高興。

換句話說，在剛開始的時候，我們沒有必要一定要讓孩子去畫一些複雜的圖畫，不然的話，他很快就會覺得力不從心，從而產生放棄心理。

「先色彩後形式」，這已經是被心理學實驗證明的正確的作法。我們一定要先讓孩子填塗一些圖案，之後再引出一些簡單的形式讓孩子一點點去嘗試，之後再慢慢的由簡入繁。

而對於一些有趣的事物，我們要鼓勵孩子努力去表現。在孩子剛開始畫的時候，他畫得並不準確，但是隨著經驗的累積，他所描繪的東西就會變得越來越好。

繪畫教育的關鍵並不是在於孩子能不能畫出一幅畫，不管形狀多麼古怪，也不管他用多刺眼的色彩，身為家長都應該看到這樣一個過程，孩子運用他的手指、眼睛和思維，在愉快的經歷當中逐漸培養辨別顏色的能力。

相信很多人都見過孩子喜歡照著一定的樣子「描圖」，如果按照這樣的方法去教育孩子，就會讓孩子自己有機會去選擇描摹的對象；還有一種則是一開始就對孩子「灌輸」直線、曲線、複合線等概念的教育方法，如此晦澀難懂的概念，會嚴重破壞孩子的熱情，讓孩子對繪畫望而生畏，很快就會出現厭倦的情緒。

我們可以按照上面的一般原則去做，等到孩子的手能夠非常平穩的拿住畫筆，對於比例也有一定的感覺之後，我們就可以開始進行「透視」的課程了。

我們可以把一塊透明的玻璃垂直放置於桌面，之後在玻璃的一面放上一些杯子等小物品。讓孩子透過玻璃去觀察對面那個小物品，且要維持身體不變換位置，視線不飄移。緊接著，讓孩子用鋼筆在玻璃上面先按照物體的形狀點出點來，之後再把這些點連成線。讓孩子從這一面看過去，墨水畫好的線正好能夠蓋住原來物體的輪廓，讓他們完全重合。最後，我們可以把玻璃放平，在玻璃下面放上一張襯紙，這樣一來，玻璃上面的墨水畫就清晰可見了。

在這個時候，再讓孩子去比較玻璃上面的畫和真實物體之間的區別，讓他們去尋找兩者之間的異同。這樣的方法，主要在於培養孩子能夠透過仔細觀察，進而把對象描摹下來的能力。慢慢的，隨著他的技術越來越熟練，他就能夠自覺的去描摹他感興趣的事物，不再需要那個玻璃片了。

我們應該明白，對於孩子來說，繪畫的興趣一般都會持續很長的時間。也許孩子日後並不一定會在這方面有多麼大的發展，但是父母能鼓勵和培養孩子對繪畫的興趣，絕對不是一件壞事。

繪畫能夠幫助孩子做很多事情，特別是隨著年齡的成長，孩子可以在空白紙上施展他的繪畫才能；當然他也能夠透過繪畫來表達自己的情感，在慰問病人的時候，他甚至還能夠送上自己親手繪製的慰問卡片，這些他都可以透過繪畫來表達，而且在每一次運用繪畫技能的過程中，他總是會感到無窮的樂趣和一種滿足的成就感。

培養孩子的閱讀興趣

青年的敏感和獨創精神，與成熟科學家豐富的知識和經驗相結合，就能相得益彰。

——卑弗列治（Beveridge）

書籍在人類的知識傳遞過程中，總是能夠起到很大的作用。在一個家庭當中，必須要具備一定種類和數量的向孩子傳遞知識的圖書。一個有藏書的家庭，和幾乎沒有什麼書籍的家庭相比，我們從教育環境上就能夠看出差異，而教育孩子的好壞程度此時也就出現了區別。

我認為，一個小鎮裡面應該要有一座圖書館，哪怕僅僅只是一間很小的屋子；一個家庭當中也應該準備一些藏書，因為不管是講世道、家境、時間發生怎麼樣的變化，書籍當中所蘊含的知識與智慧也絕對不會產生改變。

在一些家庭當中，圖書是一代又一代傳承下去的，孩子不僅能夠在廣闊的知識空間當中遨遊，而且還能夠繼承並發揚家族當中所留下的寶貴的求知傳統。

不過，這當中最為重要的一點是，我們必須先培養孩子閱讀的興趣。

（一）盡早開始培養孩子閱讀的興趣

有很多父母都不能夠理解，為什麼要讓嬰幼兒時期的孩子讀書，他們認為，這個時期的孩子理解能力是很低下的，即使為他讀書，他也聽不明白，這不是明擺著浪費時間嗎？

其實不然，你可以仔細觀察一下，有些嬰兒在父母唸書的時候會瞪大眼睛認真傾聽，可能他是真的聽不懂，但是只要他不哭鬧，那就證明他的語言和理解能力正在悄悄發生變化。

這其實就好像是你在替一棵小幼苗澆水，雖然它不能夠立即發芽、長葉、開花、結果，但是它的根卻在安安靜靜的吸收營養，它的體內組織每分每秒都在發生著變化。

我曾經對兩百名閱讀能力比較強的孩子進行研究，當然，小史賓賽也包括其中。我發現這些孩子的共同之處就是：他們在很小的時候，就在父母的影響下養成了喜歡聽書、喜歡讀書的習慣。

其實，我們不用非常嚴格的要求他每天什麼時候看什麼書，這些其實並不重要，只要父母能夠堅持每天在同一個時間為孩子讀書十五分鐘，時間一長，絕對會起到良好的作用。

（二）讓家裡的每一個人都養成讀書的習慣

正所謂父母是孩子的榜樣，孩子往往喜歡模仿父母所做的任何事情。如果他看見父母正在津津有味的讀書，他自己也會去尋找書籍當中到底有什麼東西這麼吸引人。

（三）替孩子建立一個屬於自己的書櫃

關於這一點，是我在教育小史賓賽的過程中總結出來的。有一段時間，我的書和他的書總是混在一起，導致小史賓賽經常找不到自己想要的書。

後來，我和他一起做了一個小書架，專門用來放他自己的書，而且還會把每一本書都貼上標籤，分門別類的放進小書架中。

當然，我還為小史賓賽準備了基本工具書。對於我做的這一切，小史賓賽是非常滿意的，他也很喜歡這個屬於他自己的書架，而這就是他的小圖書館，只要找到了一些新書，他都會按照類別把它們放進去。

我相信，只要條件充分，孩子還是非常喜歡存書的。而且在我看來，存書要比存錢更好！

（四）幫助孩子選擇一些好書

如果想要開闊孩子的視野，書籍當然越多越好；不過，如果想要對孩子進行一些重要的、長時間的培養，那麼書籍太多就會顯得非常雜亂了，而且在內容上也會出現好壞之分，這樣就不恰當了。

有的孩子雖然讀了五本書，可是他所獲得知識也許還遠不如另一個孩子從一本好書中所學到的。因此，我們一定要為孩子選一本好書，一本好書的重要性絕對不亞於一位好的老師。

當然，我們還可以根據不同的年齡階段，來為孩子尋找不同的好書。

三歲到六歲的孩子，一般喜歡帶有色彩圖畫的小故事，可以準備一些類似的科幻故事或者動物童話，而書中最好多一點短小、生動且容易背誦的重疊句，這樣對於孩子的學習是有幫助的。

六歲到八歲的孩子開始對書籍有所偏好了，因此，除了父母認為重要的書籍之外，還可以適當的允許孩子自己去選擇。

八歲以上的孩子通常會喜歡一些幽默的故事、民間故事、古典名著、充滿奇幻色彩的小說或者偵探故事。

總之，偉大的書籍可能會對一個人的一生產生深遠的影響。為此，父母一定要重視培養孩子的閱讀能力，能夠激發孩子的閱讀興趣，讓孩子能夠自覺且樂意接受書籍賜予他的智慧和力量。

第五章　給孩子積極健康的心態

積極樂觀的心態能夠帶給孩子強大的力量，這種心態就好像是一塊磁鐵，會引來很多有利的因素，讓事情因此產生正向的轉變。小史賓賽每天早上一醒來，他就會告訴自己：「這是多麼美好的一天。」這樣的正向暗示會讓他一天都充滿快樂。

正向暗示，告訴孩子他的優點

父親和母親是如同老師一樣的教育者，他們不亞於教師，是富有智慧的人類創造者，因為兒子的智慧在他還未降生到人間的時候，就從父母的根上伸展出來。

——蘇霍姆林斯基（Sukhomlinsky）

「暗示」，這是一種複雜的、與愛和本能有著密切關聯的早期教育的一部分。我的祖母、母親、我和小史賓賽之間，一直都是這種教育方法最為直接的實踐者。

我的祖母是一個生活在祖父陰影之下的女性，她從來不提出任何的建議，一直都是沉默寡言的，但是她卻對我的父親和我產生了很大的影響，我一直把這樣的力量稱為「祖母的暗示」。

我從一生下來，祖母就不斷去發掘父親和我身上一些特別的東西，並且總是以一種驕傲的、不加掩飾的讚賞的口吻說出來。

例如：「這孩子真是不一樣啊，他看一樣東西的時候總是那麼的聚精會神……」，「看看，我們的孩子，他的精力是多麼的旺盛啊，總是不停的揮舞手腳……」

可能所有的孩子都有以上這些表現，但是祖母會本能的把它描述成自己的孩子所具有的不凡的天賦。

當祖母年紀更大一點之後，她甚至會把這些表現與神祕世界相互連結起來。而祖母的這種

第五章 給孩子積極健康的心態

正向暗示，告訴孩子他的優點

暗示則完全出於本能和愛，所以這樣的稱讚本身並不是誇張和虛偽的，她讓我們充滿自信的認為自己是優秀的。

正所謂無獨有偶，我的母親也是這樣的一個人。她經常會說：「看看，這個孩子，手腳不停的動，是多麼的活潑。」，「這孩子真的是不簡單啊，這麼難的題目，他都能夠做出來……」結果，這樣的一種正向暗示完全被孩子接受了，孩子也真的表現得非常出眾。

她們還有另一個特點，那就是對於孩子的不道德行為，她們總是會大發雷霆，有的時候甚至會狠狠的把犯錯的孩子給痛打一頓。

也許是她們從根本上給予孩子過高的暗示，這樣的一種痛打不但不會傷害到孩子的自信心，有時反而還會讓孩子變得更加堅強。

到了後來我才了解到，這樣一類的女性是極其具有教育天賦的。她們幾乎是本能的、非常自然的給予孩子正向暗示，但是同時還有著家長的威嚴。

實際上，根據我所觀察到的事例而言，在後來，她們的孩子都無一例外的具有一些卓越的、突出的特質，即使他們曾經失敗過，也會立即爬起來，毫不氣餒，重新開始。

相反，我也經常看到或者是聽到另外一種暗示，那是一種來自母親或父親的，對孩子負面而有害的暗示。他們經常會語氣低沉的說：「我的孩子確實不夠聰明」，「我的孩子和你的孩子真的是沒辦法比」，「這孩子就是沒出息的命」。

聽，世界上恐怕再沒有任何話要比這個更傷孩子的自尊心了，特別是當這些話是從自己父母口中說出來的時候。

那麼，結果是可想而知的，他們的孩子有可能過早的失去了學習方面的信心，有的則可能會產生一種強烈的叛逆態度，以及對生活的一種仇視情緒。

樂觀的面對一切

兒童團體裡的輿論力量，完全是一種物質的，可以實際感觸到的教育力量。

——馬卡連柯（Makarenko）

一直以來我都認為，應該讓孩子學會用正向的態度和心理去面對身體的一切事情。一種積極而樂觀的心態就好似花蜜吸引蜜蜂一般，會將各種有利的因素吸引到自己身邊，而它就像一個強大而有力的磁場，很多事情也會因此而出現良好的轉機。

當孩子早上醒來的時候，如果出現在孩子腦海中的第一個念頭是：「我的天啊！又到早上了！」那麼相信孩子在這一整天都有可能是無精打采的；可是如果他的第一個念頭想到的是「早上真好」，那麼孩子這一整天都會充滿快樂。

曾經有兩個人身陷沙漠，當時都只剩下半壺水了，其中一個人想到的是「天啊，怎麼只有這麼一點水了，我快要被渴死了」，結果這個人最後真的死了。而另一個人想到的是「還有半壺水，我一定會找到水源的」，結果最後這個人找到了水源，走出了沙漠。這其實就是悲觀主義和樂觀主義對我們每一個人產生的不同影響。

當然，每一個孩子也都會有消沉的時候，每當小史賓賽處在這種負面狀態的時候，我總是能夠笑著對他說：「換一種眼光，你就會發現一切都是那麼的美好！」

我曾經對小史賓賽講過一個樂觀弟弟和悲觀哥哥的故事，而這個故事對小史賓賽的心理產生了深遠的影響。

曾經有一位年邁的父親，他有兩個非常可愛的兒子。而父親為了考驗一下自己這兩個兒子，就在平安夜當晚，悄悄的把給他們的完全不同的禮物掛在各自的聖誕樹上。

到了第二天早上，哥哥和弟弟很早就起來了，因為他們想要看看聖誕老人到底準備了什麼禮物給他們。

在哥哥的聖誕樹上有很多禮物，有一輛嶄新的腳踏車，有一把氣槍，還有一顆足球。哥哥把這些禮物一件一件的取下來，可是他並不高興，反而憂心忡忡。

父親見狀問他，有了這麼多的禮物不喜歡嗎？哥哥拿起氣槍說：「如果我拿著這支氣槍出去玩，很有可能會把鄰居的玻璃窗戶打碎，到時候一定會招來一頓責罵。而這顆足球，我說不定會把它踢爆。還有這輛腳踏車，我很想騎著它出去玩耍，但是說不定會撞到樹上，那麼一定會把自己摔傷的。」父親聽完了這些話，並沒有說話。

而在弟弟的聖誕樹上，除了一個紙包之外，什麼也沒有。於是弟弟把紙包打開，接著哈哈大笑起來，一邊笑又一邊在屋裡尋找什麼東西。

父親問他為什麼如此高興？他說：「我的聖誕禮物是一包馬糞，這說明在我們家裡肯定會有一匹小馬駒。」結果最後，他果然在屋後找到一匹小馬駒。父親也跟著他笑起來：「這個耶誕節真快樂！」

其實，在孩子的學習和生活中，有很多事情就是這樣，心態的樂觀會帶來快樂而明亮的結果，反之，一個悲觀的心態只會讓一切變得更加灰暗，而且，這樣的心態對孩子以後的生活也會產生不可忽視的重大影響。

自愛：引導孩子發現自己的價值

有天賦的人不受教育也可獲得榮譽和美德，只受過教育而無天賦的人卻難做到這一點。

——西塞羅（Cicero）

教育孩子的目的就是「為孩子的未來生活做準備」，而這也是所有教育行為的起點。

從很小的時候開始，孩子就出於本能的開始認識自我了。他會在三歲左右的時候注意到自己的相貌，會對著小鏡子把自己的眼睛、鼻子、嘴巴等身體器官都一一認識一遍。

而大約從七歲開始，他就會在暗地裡比較自己與朋友的身體，希望能夠找到身體與心智、性格、能力等方面的連結。可以說這些都是孩子最早的自我認識。

隨著時間的推移，孩子再長大一點之後開始進入到群體生活，他們開始對自己在群體當中所扮演的角色充滿興趣，並且會模糊的與自己的身體相互連結。在這個時候，心理上的自我認識也就開始了。

在我看來，心理上的自我認識將會是孩子日後性格形成的基礎之一，而且父母應該告訴孩子，一定要懂得珍愛自己，就像告訴他們要懂得保護自己一樣。

珍愛自己，就是不要受到外界各種評價的影響。每一個孩子都會在未來的生活當中擔任不同的角色，其實，最重要的並不是孩子擔任的角色怎麼樣，而是自己在每一個角色當中應該如

第五章　給孩子積極健康的心態

自愛：引導孩子發現自己的價值

何去做：對自己是否滿意？自己有沒有愛心、同情心和責任心等等。

一直以來我都是這樣認為的，一個人是否高貴，並不在於別人如何看他，而在於它自己如何看待自己。

有一次，小史賓賽告訴我，他們班級要排演莎士比亞的話劇——《威尼斯商人》，而老師讓他扮演安東尼奧。因此，他希望我能夠幫助他背一背台詞，講一講每個情節當中人物的心理，我很愉快的答應了。小史賓賽儘管有著很強的閱讀能力，他的口語表達能力卻不太好，所以我打算借用這次的機會來鍛鍊一下小史賓賽。

就在兩週之後的一天，小史賓賽垂頭喪氣的從學校回來了。他告訴我，所有的同學都覺得他沒有任何的感染力，台詞有的時候唸得好像是一個哲學家，大家決定讓他放棄這個角色，改在幕後讀旁白。

而我則告訴他：「讀旁白也很不錯，能夠有力的推動故事情節的展開。」但是，小史賓賽顯然根本就不對旁白感興趣。

吃完晚飯之後，我們打算到屋後的花園走一走。這真是一個迷人的春日黃昏，玫瑰花的葉子已經綠了，葡萄架上面的葡萄藤也開始發出了新芽，滿地的蒲公英綻放著一叢叢黃色的花絮。我慢慢走近蒲公英，隨手拔起一叢蒲公英說：「我想把這些蒲公英拔掉，只留下玫瑰花，你覺得怎麼樣？」

「有這些蒲公英不是挺好的嗎，為什麼你要這麼做呢？」小史賓賽有些憐惜的對我說道。

我聽完之後停了下來，站起身來說道：「的確，這些蒲公英也是非常美麗的，儘管它並沒有玫瑰的芳香，可是它依舊勇敢的做著自己。就好像任何一個人都沒有辦法成為別人一樣，但最為關鍵的是能夠堅持自我，這才是最棒的。」

小史賓賽聽完我的話，似乎有所感悟，他又變得高興起來，要求繼續學習旁白。

在演出的那一天，我去了，並且囑託老師幫我轉送一束蒲公英給小史賓賽。那天晚上，小史賓賽的旁白唸得好極了。

很多年之後，當我在整理小史賓賽的舊書時，居然在那本莎士比亞的劇本裡發現了一束淡黃的、壓成薄片的蒲公英。

在挫折面前培養孩子的勇氣

人是社會的動物，因此，人不可能獨立於社會而存在。一個人必須與他人交往，才能完成社會化過程，使自己逐漸成熟。

——亞里斯多德（Aristotle）

我們大家都知道，在日常生活中，有了勇氣，就意味著有了希望。在很多時候，我們只有在面臨困難和恐懼時才會產生勇氣，當然，有的時候也會在困難和恐懼面前失去勇氣。

勇氣，其實就是對自我力量和智慧的一種肯定，更是對待事物的一種正向心態，也是內心變得堅強的一種表現。

對於大多數的孩子而言，他們在成長的過程中就會面臨著是否具有勇氣，和如何才能夠具有勇氣的問題。

但是在我看來，父母應該在日常生活中去培養孩子的勇氣，並且告訴孩子要以正向和投入的心態去面對任何問題。因為當一個人不斷正向暗示自己時，他的反應能力、判斷力、想像力、記憶力都會得到很大的提升，從而有效幫助他們解決所有面臨的問題。與此相反，一旦失去勇氣，我們就可能會陷入自我的悔恨和畏懼當中。

勇氣還有利於孩子主動進行比較和選擇，「如果不這樣做，還能夠找到更好的辦法嗎？」從而讓孩子果斷的做出選擇，並且為之努力奮鬥。

培養孩子的勇氣和培養孩子的自信心一樣，鼓勵孩子、表揚孩子、肯定孩子等都是很好的辦法。除此之外，要在生活當中不斷的嘗試和磨礪，並且能夠確定讓人感到激動的目標。

在小史賓賽還很小的時候，我就開始有意的培養他的勇氣。孩子從小到大，注定需要經歷許多對他來說具有一定難度和恐懼的事情，比如黑夜、迷路、同伴之間的爭鬥、陌生的環境以及犯錯之後的懲戒、反省等。

所有的孩子本能的反應就是希望得到大人的幫助，或者希望大人能夠代替他們面對這些情況。我卻認為，除非真的有必要，不然還是讓孩子自己去經歷，這樣反而會更好。而大人此時只需要給孩子必要的關注，並且鼓勵孩子，告訴孩子要運用自己的勇氣去完成這些事情。

另一方面，我從來不會把一些殘忍的事情看成是有勇氣的表現，比如，對小動物的殺戮。反之，我經常告訴小史賓賽，一個真正具有勇氣的人，應該具有憐憫和同情心。並且，我也從來不會把魯莽、衝動、缺乏理智的行為看成是一種有勇氣的行為。我還告訴小史賓賽，勇氣不僅僅是一種心理反應，我們應該經常使用理智。

那麼，到底該如何激發出孩子的勇氣呢？我認為最好的辦法就是讓孩子跟自己害怕的事情進行一次「實戰」，身為家長，我們不妨從孩子最害怕的事情入手，幫助孩子盡早克服內心的恐懼情緒。

第六章　快樂教育從尊重孩子的權利開始

尊重孩子的權利其實就是給孩子更多的機會。小史賓賽小時候的思考是那麼的幼稚，對於事物的判斷也可能是錯誤的。但是每一個人都有一個成長和成熟的過程，如果沒有幼稚的想法，就不會有成熟的思考，沒有判斷失誤的經歷，就不會知道如何做出正確的選擇，而這一切都需要我們給孩子更多的機會。

給孩子解釋錯誤的機會

年輕人把受教育求進步的責任和對恩人及支持者所負的義務做連結，是最適宜不過的事，我對我的雙親做到了這一點。

——貝多芬（Beethoven）

我認為，所有的父母和老師都應該把「你有說話的權利」這樣一句話變成一句親切的、美妙的、動人的話語，就好像在對自己說話一樣。

是的，我們每一個人都有說話的權利，對於孩子也是如此。可是，有權利並不代表每一個人都得到了這樣的權利，特別是對於孩子，當他們受到批評、指責的時候，孩子的一些解釋經常會被父母這樣打斷：「辯解也沒用」，「閉上你的嘴」，「你又開始撒謊了」。

對於類似這樣的話，相信我們在家庭和學校當中可以經常性的聽到，人們還對此習以為常、見怪不怪。可是，我們有沒有好好想過，當一個人在受到批評和責罵的時候，誰不會辯解呢？更何況他們只是孩子。可以說，這是我們人類的本性。

每當孩子遇到上述情況的時候，他們往往會感到委屈，進而變得苦惱、心生怨意。如果這件事情發生在課堂上，相信孩子這節課肯定是上不下去了；如果這樣的情況發生在家裡，孩子也許會把怒氣發洩到其他對象身上，或是想出各種好玩的事情來擺脫這種不良情緒的困擾。在

第六章 快樂教育從尊重孩子的權利開始

給孩子解釋錯誤的機會

大自然當中，就連動物遇到苦悶的事情都會試圖尋找甜的食物，更何況是人！

如果當事者是一個陌生人，孩子通常會表現得異常氣憤，但是很快就會把這件事情拋在腦後；若當事人是孩子既尊敬又具有好感的人，那麼孩子可能會加倍傷心，並且逐漸變得不夠自信，而孩子的這一情況絕對不是家長和老師想要看到的

相反，如果孩子需要對某件事情進行辯解，但是時機又不恰當的話，聰明的老師和父母可能會說：「等下課之後我會給你解釋的機會」或者「我現在很忙，一會兒我忙完了，一定會聽你解釋」。

想一想，孩子聽到這樣的話之後會做出什麼反應呢？相信孩子不僅不會委屈、怨恨，反而還會信心大增，甚至去反省自己到底在哪些地方沒有做好。

一個受委屈的人往往很少去反省自己到底有什麼過錯，因為憤怒和不平早就占據了他的內心；但是一個被感動的人卻經常自我反省，因為感動增加了他內心的勇氣。

我們從實際情況來看，難道老師和父母就真的希望孩子長大以後遇到類似的情況也不進行辯解嗎？顯然不是，到時孩子的母親可能會高聲訓斥：「你為什麼不知道辯解？」

孩子的任何權利都應該受到尊重，這樣才能夠增強孩子的自信心和榮譽感，同時，孩子也會因為在意別人的權利是否得到自己的尊重，從而增強自制的能力。

教育不僅是公平的，更應該是公正的

智力絕不會在已經認識的真理上停止不前，而會不斷前進，走向尚未被認識的真理。

——布魯諾．舒爾茨（Bruno Schulz）

在小史賓賽上小學的時候，有一天，我和他在德比河畔散步，我問他：「你和同學最想要的東西是什麼？」他想了想說：「班上的鑰匙。」

我當時聽完之後非常納悶，難道進教室就這麼困難嗎？還是早上教室的門總是很晚才開，早到的學生進不去呢？

詢問之下，我才知道這些都不是原因。根本原因就是因為教室的鑰匙一直掛在班長的脖子上，這讓每一個同學見了都羨慕不已。

小史賓賽還說，晚上睡覺的時候，他曾經夢到過自己得到了那把鑰匙。

那個時候他和其他同學都非常渴望得到那把鑰匙。但是過了一年之後，當我和他再談論起那把鑰匙的時候，小史賓賽則說，他和同學早就對這把鑰匙厭惡至極了，因為他們永遠只能看著它，卻得不到。

當聽完了這個故事，相信有很多人會嘲笑孩子的幼稚。但是在嘲笑之餘，我們也不得不讓父母和老師好好思考。孩子面臨的問題絕對不是「鑰匙持有權」那麼簡單。

第六章 快樂教育從尊重孩子的權利開始

教育不僅是公平的，更應該是公正的

在學校裡，一個孩子打了另一個孩子，打人的孩子可能會仰仗父母的權勢而被免除應有的懲罰；兩個孩子同時被懷疑的時候，可能成績好的先被排除了，成績差的無可爭議的變成了罪魁禍首；兩個犯了同樣錯誤的孩子，有可能因為其中一個課業成績比較好，不需要被懲罰，另一個則需要承擔相應的後果；老師提出的問題，兩個孩子都沒有回答上來，老師可能會對其中一個孩子說：「沒關係，下次再來。」卻對另外一個說：「你怎麼這麼笨，這麼簡單的問題都回答不來。」

同樣的道理，在有多個孩子的家庭當中，母親可能對有的孩子非打即罵，總是用挑剔的眼光看待他，但是對待有的孩子卻總是溫柔體貼、關懷備至，用一種賞識的眼光發現他的優點、包容他的錯誤……

這樣一系列不公平的待遇在我們生活當中是屢見不鮮的，儘管可能存在著這樣或者那樣的原因，但是我們不能否認的一個事實是，孩子從小就要面臨著被歧視的難題，而原因居然只是因為孩子成績好或不好，聽話還是頑皮，貧窮還是富有，甚至是美還是醜。

難道因為孩子年齡小，就應該享受不平等的待遇嗎？難道孩子體會不到權利被剝奪的感受嗎？絕對不是。

曾有一個人和一個孩子促膝長談，當談到這類事情的時候，這個孩子滔滔不絕的說出了很多這樣的例子，然後氣憤的說：這不公平。

我們成人衡量一個人是否值得尊敬的標準是就看他人是否公正、公平。為什麼公平如此重

要？

其實就在於它能夠給我們每個人同等的機會、同樣的尊重和同等價值的肯定。那麼在孩子的世界裡，為什麼要讓他遭受不公平的待遇呢？

這樣做一方面會讓孩子因為得不到而放棄，另一方面也會導致孩子因為得不到而叛逆。這種負面的情緒長期存在於孩子的腦海當中，很可能就會導致他失去讀書的興趣，助長他不快樂的情緒。

當然，我們也不能夠排除這樣的情況，父母原本的想法是用這種方式激勵、刺激一些成績差或者性格頑劣的孩子。

但毫無疑問的是，這種方式只可能是背道而馳，看看成人的世界知道了。絕大多數人得不到公正或者平等的待遇後，首先想到的就是報復，而不是友好。何況相對於成人來說，孩子排解不公平待遇所帶來的陰影的能力要弱得多。

從長遠角度來看，社會需要的更多是具有創造力、有愛心、充滿活力又兼具智慧的人。

所以，父母和老師應該讓每個孩子都能夠無條件的享受公平的待遇。這樣的話，原本優秀的孩子才不會因為生活在虛假的優越條件中不能進步，不那麼優秀的孩子也會釋放更多的熱情和活力，以一種正向的態度愛團體、愛生活。

對於孩子而言，他還有廣闊的發展前景，未來美好的生活正在向他招手，在奔向幸福生活的過程中，他渴望得到公正、公平的機會和待遇。

第六章 快樂教育從尊重孩子的權利開始

教育不僅是公平的，更應該是公正的

父母和老師在教育的過程中應該貫徹公平、公正的原則，一視同仁，並始終相信頑劣的孩子透過正確的教育方法和態度也會變好。

給孩子獨立思考和判斷的權利

德行比人情世故更難獲得；青年人失去德行後，很少有再恢復的。怯懦無能和不懂人情世故是大家歸給私人教育的過錯，其實這並不是在家庭裡面進行教育的必然結果，也並不是無法醫治的毛病。如果說家裡溺愛太過，常常使人懦弱無能，應該竭力避免，那主要是因為我們的目的是為了德行的緣故。

——洛克（Locke）

在生活當中，有很多事情是別人代替我們去做的。比如，當自己有其他事情的時候，我們就會請別人幫助我們，這對於我們幾乎不會有什麼不利。但是，一個人的思想卻是別人沒有辦法替代的，而這也是人與動物最本質的區別。

當孩子有了自己的思想和判斷，不管是在家庭當中，還是在學校裡面，他都應該享有獨立判斷、獨立思考的權利。儘管孩子的這些想法在成人眼中是非常幼稚的，或者有一些判斷本質上就是錯誤的，可是，我們想一想，誰沒有經歷過這樣一個從幼稚到成熟的過程呢？

沒有幼稚，何談成熟？沒有過錯誤的判斷，又怎麼會有正確的知識和見解呢？更何況，教育的目的除了讓孩子獲得新的知識之外，還要培養孩子獲得新知識的能力。

我們仔細觀察人類在知識方面取得的進步就會發現，獨立思考和判斷的能力對於一個人來

第六章 快樂教育從尊重孩子的權利開始
給孩子獨立思考和判斷的權利

說是非常重要的。如果失去了思考和判斷的能力，一切進步都會停滯不前。

下面，讓大家看一看一些官方文件和權威人士的總結：

在西元一八四〇年，任何一個以每小時五十公里速度旅行的人，一定會因為缺氧窒息而死；在西元一八四四年，電力照明簡直就是一件不可能的事情；西元一八七六年，一位科學家說道：想聽大海另一頭的人的聲音嗎？這被看成是癡人說夢。西元一八七八年，在現實生活當中，根本不可能組裝出一架能載著人在天空飛行的機器。

這些理論不管在當時看起來有多麼權威，現如今都已經被事實證明是錯誤的了。

如果當時的人們不經過思考，盲目相信了這些理論，恐怕今天的生活也不會是這個樣子，由此可見，獨立思考和判斷的能力有多麼重要。

在生活當中，很多父母和老師往往會忽視這一點，動不動就指責孩子，「讓你按照標準答案做，你難道沒有聽見嗎？」「你以為你是誰啊，發明家嗎？」「如果你自己能夠想出來，還要老師和書本做什麼？」等等，諸如此類的話，我從來不會對小史賓賽說。

恰恰相反，我非常尊重他的意見和想法。我經常對他說的話就是「你覺得怎麼樣」、「你的想法是什麼」、「你有什麼好辦法嗎」。而每當小史賓賽被我這樣問到之後，通常都會積極的進行思考，偶爾也會眼神一亮，說出自己的一些可愛的想法。

其實，身為父母和老師，我們不應該武斷的否定孩子的想法，反之，我們應該尊重孩子的意見，並且適時的鼓勵孩子那些有創意的新想法。只有這樣，我們才不會培養出一個只會背標準答案、墨守成規的孩子，而是一個充滿創造性思維的孩子。

獨立思考和判斷的能力是孩子日後在社會上立足的重要能力，只有具備這些能力，孩子才能夠辨別是與非、對與錯，而且還可以突破常規思維，尋找真理。所以，父母在日常生活中應該有意的促進孩子的正向思考，從而有效提高孩子的思維能力。

第七章　培養孩子受益一生的好習慣

很多時候，小史賓賽會漫無目的的閒逛，這說明他沒有找到自己感興趣的事情，這個時候的小史賓賽是不快樂的。而我們就需要幫助他找到興趣點，不要簡單的給予，而應該讓孩子透過自己的付出獲得快樂，這不僅教會了孩子獲得快樂的途徑，更培養了孩子良好的行為習慣。

做事情要一心一意

道德教育最簡單的要素是「愛」，是兒童對母親的愛，對人們積極的愛。這種兒童道德教育的基礎，應在家庭中奠定。兒童對母親的愛是從母親對嬰兒的熱愛及其滿足於身體生長需求的基礎上產生的。進一步鞏固和發展這一要素，則有待於學校教育。老師對兒童也應當具有父子般的愛，並把學校融合於大家庭之中。

——裴斯泰洛齊（Pestalozzi）

一旦讓孩子養成專注的習慣，孩子的心智潛能就會得到最大限度的開發。

一方面，專注與孩子本身的好動、見異思遷、喜新厭舊相互矛盾；另外一方面，專注又經常出現在孩子感興趣的事情上。但整體而言，專注還是與孩子的性格特點相矛盾的，這需要透過我們一系列的誘導和重複，來讓他們養成專注的習慣。

在我看來，孩子在求知以及其他行為當中，經常會出現注意力不夠集中、缺乏專注力的問題，雖然孩子還是能獲得一定的知識，但是如果孩子能夠養成稍微專注一點的習慣，效果就會更好。

在小史賓賽還只有七歲的時候，我就開始注意培養他的專注習慣。我的計畫可以分為三個部分：第一部分是透過一些小實驗來啟發孩子理解到底什麼才是專注，並且讓孩子了解專注的作用；第二部分則是透過一些有趣的事情來培養孩子專注的習慣，並且要讓他切實感受到專注的快樂。第三部分是把一般的專注延伸到求知上，之後在生活和學習當中不斷重複著。

有一天，我和小史賓賽外出郊遊，準備在郊外野炊。小史賓賽一聽要野炊，別提有多高興了。我們來到了德文特河的上游，此時我們早已飢餓難耐。於是我們撿來了一些乾草和枯樹枝，之後在一塊石頭後面搭好灶台，開始準備生火做飯。

可是，我們找了半天卻發現忘了帶火柴，這可怎麼辦呢？此時的小史賓賽已經變得不知所措了。而我則提出一個建議：要是能夠利用太陽光點燃乾草就好了。

小史賓賽聽完之後，趕緊把乾草放到了太陽光下面，可是等了很長時間，乾草僅僅只是被晒熱了，想要點燃卻不太可能。於是我又提議：要是能夠有辦法把太陽光長時間的聚集在一個點，那麼乾草一定會燃燒起來的。

小史賓賽聽完之後也完全同意這樣的提議，可是他又不知道該怎麼去做。而就在這個時候，我從背包裡面拿出了一面放大鏡，我們先用石頭固定住，之後再把乾草放在聚焦的一個亮點上。

剛開始，乾草可以說沒有一點反應，時間就這樣一分一秒的過去了，最後乾草終於發出了「嚨噝」的聲音，並且冒出了煙，這讓小史賓賽興奮得不得了，好像發現了什麼寶貝一樣，就這樣，我們最後好好的飽餐了一頓。

後來，小史賓賽非常好奇的問我：「小小的放大鏡怎麼能夠把乾草點燃呢？」

於是我告訴小史賓賽：「點燃乾草的並不是放大鏡，而是太陽光，因為只有太陽光才具有熱量，而放大鏡的作用只是把光聚集在這一點上，並且透過長時間的照射，這才把乾草點燃的。」我還告訴小史賓賽，「這個道理你可以把它普及到很多地方，比如，只要一個人能夠長時間的把注意力集中到一件事情上，通常就會產生驚人的效果。又例如，你想要記住好朋友的生日，只需集中注意力在腦海中多想幾遍就行了。」

就這樣，對於小史賓賽來說，這是他第一次懵懵懂懂的明白，到底什麼是專注。

第二次，我帶著小史賓賽做了一件他感興趣的事情，就是觀察螞蟻。我對小史賓賽說：「這個星期天，我們要把螞蟻王國的情況澈底弄清楚，其他的事情一律不要做，即使有好朋友來找你玩，你也不要去玩。」小史賓賽聽完之後欣然答應。

於是，我準備了十張卡片和一本關於昆蟲的書。而在每一張卡片上面都會有一個問題，按照這些問題，就可以把所有關於螞蟻的資料查出來，並要求小史賓賽抄上去。

到了中午的時候，小史賓賽的朋友來找他玩，他拒絕了，就這樣，我們花費了將近一整天的時間，把所有關於螞蟻的情況全都弄清楚了。

最後，我問小史賓賽：「你覺得快樂嗎？」小史賓賽說，實在是太有趣了。

再到後來，我就經常讓小史賓賽練習一段時間只去做一件事情，例如，一本書還沒有看完，就絕對不看第二本，除非小史賓賽決定放棄；一幅畫沒有完成，就不去畫第二幅畫；做一件事情的時候，絕對不去做其他的事。

做事情要一心一意

在經過很多次之後，小史賓賽逐漸養成了專注的習慣，並且能夠專注的去做一件事，而且還能夠從這件事情中找到快樂。經過一段時間，小史賓賽已經沒有了往日的心浮氣躁，心也開始平靜下來。他只要決定去做一件事情，一開始就會全身心的投入。

這種習慣的養成讓小史賓賽在以後的學習和生活中受益匪淺。但是，我需要提醒各位家長，我這並不是限制他對其他事物產生興趣，只是鼓勵他在一段時間內只做一件事情，或者對一個東西感興趣，並且一定要把它完全弄清楚。

學以致用，是學習的最好動力

教育不應當只從智力上著眼，必須力求使受教育者變得更加敏銳，更加寬容仁慈。

——泰戈爾（Thakur）

如果知識不能和運用相結合，那麼就是僵死的，不僅不利於提起孩子的興趣，也不利於知識的自我衍生。正是由於「運用」這一方法，才讓興趣與實用、知識與目的很好的結合起來，從而達到意想不到的教育效果。

運用，至少會有三個必然的結果：一是提升孩子的積極性，從而增強孩子的興趣和自信心；二是讓已經有的知識可以重複，進而充分理解和掌握；三是透過這些知識再衍生出新的知識。這麼一來，還有什麼能夠比這些更讓父母高興呢？

我是從下面幾件事情培養小史賓賽學會運用的。這麼做不僅能夠讓小史賓賽感到其樂無窮，並且也有著非常明顯的效果。

「寫」曾經是小史賓賽最不願意做的事情，也是令他感到最困難的事情。他可以想，可以說，可是就是不願意寫。

小史賓賽怕寫，對寫感到厭煩，一說起寫就會讓他愁眉苦臉，他總是能拖則拖。然而，對於任何一個研究過教育的人都明白，寫是思維的訓練過程，寫也是記憶的重複。那麼針對小史

學以致用，是學習的最好動力

賓賽的情況，我到底是怎麼做的呢？

首先我就想到了運用。正好有一段時間，我的嗓子有一些沙啞，醫生建議我少說話，不然也許會有失聲的可能。就這樣，我和小史賓賽玩起了字條遊戲。所有的日常交流我們只能夠透過寫來實現，否則的話就達不到目的了。當時小史賓賽只有六歲多，會寫的單字和句子非常有限。可是為了能夠和我交流，他必須寫。

在剛開始的時候，我們只寫意思簡單的句子，比如「今天吃什麼？」，「該寫功課了」等等。到了後來，我們的字條逐漸涉及到對一些事物的評價、看法。每次寫的句子也越來越多，越來越複雜。而我看到他出現語法錯誤的時候，我會在字條上糾正一下。

過了一個月後，當我的嗓子完全恢復的時候，小史賓賽的書面寫作能力已經有了很大的進步，而且不需要我去要求他，他自己就會主動寫下許多東西，這還逐漸成為了小史賓賽的習慣。

我想，如果不是因為運用，那麼就算花上半年的時間，他也不一定具有現在的書寫能力。再到後來，我們經常通信，這個習慣一直保持到他大學畢業。

為了培養小史賓賽的閱讀習慣，我提出了這樣一個建議。我們兩個人每天為對方講一個故事。這件事情讓他感到非常榮幸。因為這樣一來，我們雙方都可以透過付出來換取享受，不僅是公平的，而且是快樂的。沒有比這種運用更讓大家愉快的了。當然，他讀錯的地方我也會幫助他及時糾正，並且要求他做好記號，防止下次再錯。

就這樣，每天晚飯之後，或者在睡覺之前，我都會愜意的躺著，充分享受著這段美好時光。

我們所閱讀的內容不僅有報刊上面的文章，還有書籍上面的，特別是愛默生的一些隨筆，這對於我們兩個人來說都是美和智慧的享受。

這種閱讀大大增強了小史賓賽的理解能力，讓他能夠在快樂中獲取知識。但是，我從來不會要求他讀那些言之無物、低俗淺薄的書籍。

在很多時候，孩子漫無目的的四處閒逛，就是因為沒有什麼事情能讓他們主動去做。其實這個時候他們並不快樂。有時，在與一些年齡比自己小得多的孩子一起玩耍之後，心裡總是非常空虛的。只要我們能夠引導他們去做更加有趣的事情，孩子一定是非常高興的。

在小史賓賽八歲的時候，我開始正式聘用他當我的資料員，每週一個便士。主要任務是幫助我收集報刊和學校所有與教育相關的資料，包括新聞報導、學術文章等。

方法也非常簡單，他先把這些資料找出來，之後按照重要的程度進行排列。而這樣的一個過程就要求他必須閱讀。

在剛開始的時候，小史賓賽只是收集，之後，他逐漸會對一些事件發表自己的看法，雖然有的時候非常幼稚，有的時候出人意料，可是不管他怎麼說，我都會表示鼓勵，允許討論是學習知識、認識真理的重要步驟。

而每週一便士則是歸他自己所有，自己支配。每當他拿到薪水的時候，自豪和興奮之情可謂溢於言表。而且從某種意義上說，他確實幫助我做了一些必要的事，減少了我的工作量。

而且我發現，透過運用，小史賓賽在知識累積和知識獲取方面已經有了很大的進步，在人品、習慣方面也都收到了良好的效果。

這種運用其實能夠在每個家庭和學校中實現，所需要的僅僅是一點教育觀念的改變。如果你在做生意，那麼你可以讓孩子幫助你收集一些商業資料。不管在開始的時候有多麼幼稚，它都是一個有益的求知過程。

「運用知識」已經成為了小史賓賽的座右銘。即使後來在面對很多僅僅是理論和基礎的學科，小史賓賽依舊能夠保持著「運用」的習慣，而這也讓他習慣於研究與某一學科相關的現實狀況。

知識需要一點一點的累積

沒有一種禮貌會在外表上叫人一眼就看出教養的不足，正確的教育在於同時表現出外表上的彬彬有禮和人的高尚的教養。

——歌德（Goethe）

在小史賓賽還很小的時候，我便有意的培養他累積知識的習慣。我認為，即使小史賓賽將來脫離了學校與家庭的教育，這種習慣依舊是有用的。

於是，我為他準備了很多可以長期保存的小筆記本，並且和他一起把這些筆記本裝飾得非常漂亮。我告訴小史賓賽，一定要把學習到的東西一點一滴記上去，只有這樣的日積月累，才會有取之不盡的「財富」。

在剛開始的時候，這樣的誘導是不容易的，而我是從他的存錢筒開始的。

我為他買了一個存錢筒，並告訴他，如果把平時得到的零用錢放進去，時間長了，就會是一筆數目可觀的錢，到那個時候，你就可以去買自己想要的、比較貴重的東西了。

小史賓賽聽完之後，就開始興致勃勃的進行存錢計畫了。而這也為教育提供了很大的啟發，一方面說明孩子是有累積的興趣的，而另一方面，當他們看到自己累積的東西時，就會產生一種成就感。

其實，存錢一直以來都是一件相對簡單的事情，只要把得到的錢扔進存錢筒就可以了，而剩下的時間就是經常用手搖一搖，聽錢幣撞擊時叮叮噹噹的美妙聲音。如果知識的累積也能如此簡單而有趣，教育簡直是太容易了。

有一次，我對小史賓賽說，如果僅僅把錢存起來好像還不夠，你還必須知道這些錢是怎麼來的，一共有多少，有沒有遺失。你最好能自己做一個紀錄，一定要把這筆錢的得來過程和數量都記清楚，之後再每個月取出來對照一下，這樣做的話會更加有趣。小史賓賽想了想，覺得我說的話非常有道理。

當有了記錄的習慣之後，再把這樣的一種習慣用在求知上，就很容易了。我最初選擇的是很多孩子都感興趣的昆蟲學。每了解一種昆蟲，就會把已經知道的知識記錄在筆記上。

小史賓賽問我：做這些到底有什麼用呢？我知道，他當然是指現實到底能夠為他帶來什麼樣的樂趣和好處呢？

我告訴小史賓賽，這跟把錢放到儲錢罐裡面是一個道理，相信你很快就會發現它的用途。不信，你現在就可以試試在和小朋友玩遊戲的時候使用。

小孩子喜歡玩的遊戲之一就是模仿成人，比如扮演老師和學生，孩子都希望去扮演一下老師，能夠對別人滔滔不絕的講上一大堆東西。於是，我就讓他們玩這個遊戲，每一次輪到小史賓賽的時候，他就會拿上他的筆記本，頭頭是道的講上一遍。由於他之前已經做了很多筆記，因此，他的發言讓別的小孩羨慕不已。

萬事起頭難，但一旦養成了習慣，就相對容易多了。時間一長，小史賓賽累積知識的習慣也慢慢養成了。根本用不著我們去提醒，他就會每天樂此不疲的在筆記本上面增加一點點內容。

等到小史賓賽長大之後，我就經常對他說，知識和善行一樣，都是需要點滴累積的，每一個人的財富、人生的幸福和友誼等也都是一點一滴累積的。想要養成靜下心來做某件事情的習慣，也只有發自內心，才會充滿樂趣。

每一個人活在這個世界上，並不是每分每秒都興高采烈、激動不已的，在很多時候都是平淡無奇的。我們一定要善於平淡當中去尋找和發現樂趣，累積知識無疑是其中最有意義的活動。

為了讓這種習慣穩固下來，我鼓勵小史賓賽把過去記錄的筆記本拿出來整理一下。有出現破損的情況，就把它修好；有了新的認識，就加上去。就這樣，逐漸把小史賓賽的注意力吸引到了更加有趣的事情上。

接受「魚和熊掌」的選擇

朋友是寶貴的，但敵人也可能是有用的；朋友會告訴我，我可以做什麼，敵人將教育我，我應當怎樣做。

——席勒（Schiele）

我一直認為，無數的選擇和取捨才構成我們每一個人的命運。知識帶給我們的最大好處，就是增加了選擇的可能性。

當然，對於每個孩子而言，他們也會面臨選擇，雖然有些事情非常簡單，但是孩子也會因為不明白選擇的意義而感到困惑。

比如，手裡的零用錢，到底是買糖果，還是買小木偶？或者是去買一雙黑色的球鞋呢？

在這個世界上，絕對沒有「魚與熊掌兼得」的事情，所以，每一個孩子最終都得做出正確的取捨，學會選擇。而選擇之前的猶豫、選擇之後的後悔，很有可能影響到孩子的心情，讓孩子陷入一種由自己造成的模糊不清的負面情緒當中。

剛開始的時候，小史賓賽也是這樣，其實有的成人也是一樣。我們也會為不知道該如何選擇而感到十分苦惱。

小史賓賽經常說「假如我當初這樣」、「如果我當初那樣」，而我則告訴他：「孩子，生活沒有如果，你必須學會取捨。與其在這裡不停的「假如」，倒不如去欣賞自己現在做出的選擇，並且為之付出努力，之後再充分享受選擇帶給我們的快樂。

在小史賓賽十歲那年，鎮上的公共圖書館由於資金短缺而被迫關閉了。這對於很多孩子來說是一件痛苦的事情，因為他們再也沒有書可以看了。

結果一個偶然的機會，小史賓賽發現有很多書被堆在一個地下室的庫房裡面，而書的數量足夠開一個圖書館了。

我聽完小史賓賽的想法，告訴他，想要開圖書館，必須要有足夠大的場地，與此同時還需得到鎮議會的同意。我還告訴孩子：「如果你願意做這件事情，我會支持你。但是，一切事情都必須要依靠你自己去做。」在聽完了這句話，小史賓賽開始猶豫了，他現在面臨著一個選擇：做，還是不做？

一週之後，小史賓賽讓我帶著他去鎮議會，此刻我知道他終於下定了決心。那些議員聽完了小史賓賽的話後，感到非常吃驚。最後鎮長表示，對於這個問題他們需要討論一下。

當時這些人認為，這只不過是孩子的一時熱情，只要拖一拖，孩子的熱情也許就沒有了。

回到家之後，小史賓賽問我：「議員會同意嗎？」我沒有辦法給他一個肯定的答案，我只是問他：「你真的決定這麼做了嗎？」看著小史賓賽肯定的點頭，我說道：「那就按照你的選擇去做吧！」

從那天以後，小史賓賽每天晚上都會打電話給鎮長，問他：「我的請求你們同意了嗎？」

第七章　培養孩子受益一生的好習慣

接受「魚和熊掌」的選擇

鎮長每一次都告訴他：「還沒有。」但是小史賓賽並沒有氣餒，他一直堅持著打電話，連續打了好幾個星期。最後鎮長終於確定這個孩子的想法絕對不是一時興起。於是，議員最終同意了小史賓賽的提議。但是他們也向小史賓賽提出了苛刻的條件：圖書館的一切建設都需要他自己來做，鎮上是不會出任何經費與材料的；圖書館建成之後，則必須由成人來進行管理。

小史賓賽接受了第一項，但是拒絕了第二項，他非常嚴肅的對那些議員說：「既然成人不願意給我任何的幫助，那麼我將來也同樣不需要成人來管理。如果你們不同意的話，我會每天打一通電話給一名議員，直到你們同意為止。」最後，這些成人不得不讓步。

得到鎮議會許可之後的小史賓賽，開始了他艱苦的工作。他、他的好朋友，再加上我和幾個鄰居，開始幫助他收拾。那可是一個陰暗且潮溼的地下室，非常的髒。

第一天工作回來，小史賓賽就開始抱怨那裡的環境太差，而我則趁機問他：「那你是放棄還是繼續呢？」小史賓賽好像被激怒了一樣，大聲說道：「當然是繼續了。」

第二天，鄰居替地下室裝了電燈，小史賓賽朋友的幾個父親都搬來了書架，甚至還拿來了壁布和桌布，就這樣，一個嶄新的圖書館終於誕生了！

選擇，其實也就意味著放棄；而只有放棄沒有選擇的，才是尊重自己的選擇。對於這一點，不僅需要我們這些成年人明白，也需要把這一道理如實的告訴孩子。

對於孩子而言，生活早就開始了，所以孩子也需要明白：一個人的聰明與幸運，並不能夠決定他日後的生活是不是幸福，成就是大是小。這些全部都要看這個人是不是懂得選擇，並且願意為之付出努力。

我們從生活當中選取教育材料，來培養孩子受用終生的好習慣，這才是父母給孩子最好的禮物，而且還是一份極其珍貴的禮物。

相信孩子能夠自己解決問題

榮譽感是一種優良的特質，因而只有那些稟性高尚積極向上或受過良好教育的人才具備。

——愛迪生（Edison）

在日常生活中，快樂和憂愁總是相伴而行的。特別是在孩子出生之後，孩子的天真、可愛、活潑，就好像冬天裡的陽光、夏日的雨後彩虹一般的美麗和動人。

從此之後，你們就開始相互依偎、相互牽掛，你的生活平添許多歡樂與無言的感動，相信每一個父母都有過這樣的情感經驗。

但是，這一切就好像蒲公英的種子，一旦成熟了，就會隨風飄離，到另一片土壤上去生根、發芽。孩子一旦長大，也會離開父母，開始自己的生活，人生也會經歷各式各樣的事情。那些曾經吹打過我們的風雨，也會吹打在孩子稚嫩的肩頭；那些我們曾經面對的生活中的各種苦難，也會出現在孩子的面前。這種憂愁與高興互相結伴的過程，可能就會讓母親落淚，父親傷感。

但是，孩子確實會離開我們的，不管是強壯的孩子，還是弱小的孩子。孩子屬於新的世界，新的世界也在召喚著孩子。

不管我們曾經多麼深沉的愛他們，也不管思念和牽掛有多麼的悠長，他們依舊會走向自己的人生。所以，身為父母，我們必須抹去淚水，把堅實的手掌放在孩子的肩頭，說：「去吧，去尋找你的世界！」

但是，當我們再和孩子說再見之前，必須要為他們做一些重要的準備工作，包括知識、品格、習慣、身體等，而從小培養孩子的一種獨立意識，則更是工作的關鍵所在。

我們還必須讓孩子明白，生活是自己的事情。

在動物世界裡，出於動物的本能教育，獨立訓練可以說是隨處可見的。比如，在狼的家庭當中，幼狼出生沒多久，公狼就會把幼狼趕出家庭，讓幼狼獨自在外面遊歷一番，讓幼狼在生活過程中鍛鍊結實的肌肉，知覺更加靈敏，反應也更加敏捷。而這是在殘酷的弱肉強食的動物世界中能夠生存下來的重要本領。

萬獸之王獅子也是這樣，在捕捉到獵物之後，幼獅就會被趕走，每次等到雄獅和母獅吃完之後，才讓幼獅去撕咬那些剩下的、很難咬的部分。之所以這麼做，就是為了讓幼獅從小明白，只有透過激烈的搏殺，才能夠享受美食。而這也是訓練的一部分，除此之外，在幼獅剛剛長到可以捕食的時候，也會被雄獅趕出家庭，獨自去大自然中訓練生存能力。

如果因為愛，就把一頭幼狼或者幼獅留在身邊，那麼一旦牠失去了父母，而自己沒有獨立的生存能力的時候，牠將必死無疑。所以，從小訓練幼獸獨立生活，成為了兇猛動物的一種生存之道。

雖然人類社會並不像動物世界那樣殘忍，但是競爭的激烈程度、鬥爭的複雜程度，可以說要比動物世界有過之而無不及。弱小者失敗，強大者勝利，適者生存，不適者淘汰，在這一點上，人類社會和自然界完全是相同的。

為此，我很注重小史賓賽獨立能力意識的培養。我經常告訴他：「生活是自己的事，所以你必須自己去面對，但我會盡最大可能幫助你。」

對於小孩子來說，跌倒是常有的事情，很多父母總會心痛的把他扶起來。但是對於小史賓賽而言，我從來都沒有這麼做，我只是鼓勵的看著他，或者對他說：「地上的石頭想看看你是否能自己爬起來。」

在學習方面，當遇到有難度的題目時，孩子總是希望父母能夠幫助他。而在一般情況下，我只會告訴小史賓賽透過哪些途徑能夠解決這些難題，比如查字典、找資料等等，如果他還是想尋求我的幫助，我就會說：「這是你自己的事，我相信你一定能夠自己解決。」

其實有的時候，充滿感情的語言一定要比簡單的告知更加具有效果。

要得到，就付出

每個人在受教育的過程當中，都會有段時間確信：嫉妒是愚昧的，模仿只會毀了自己；每個人的好與壞，都是自身的一部分；縱使宇宙間充滿了好東西，不努力你什麼也得不到；你內在的力量是獨一無二的，只有你知道能做什麼，但是除非你真的去做，否則連你也不知道自己真的能做。

——愛默生（Emerson）

很多父母一直以來都不注重培養孩子的獨立意識，反而是沒有原則的給予孩子許多幫助，並且還會滿足孩子各式各樣的願望，如果這樣做，孩子就會認為這一切都是理所當然的，而孩子的獨立性也會因此變得很差，並且更加依賴父母。

實際上，父母不可能永遠滿足孩子的願望，也不可能永遠在身邊保護他，更不可能代替孩子生活。因此，孩子未來的生活需要他們自己努力實踐。

為了讓孩子明白這個道理，父母應該讓孩子透過一定的付出來換取他所需要的東西，而這種方式比簡單滿足孩子更具有教育意義。

讓孩子透過付出來完成自己的願望，不僅會讓孩子有更多的成就感，而且還能夠讓孩子在付出的過程中學習到許多生活技能。

第七章 培養孩子受益一生的好習慣

要得到，就付出

我們要明白，家庭不僅是孩子成長的搖籃和休息的避風港，同時也是孩子學習適應社會和未來生活的訓練場。

在小史賓賽七歲之後，他想要的每一件東西，除了生活和學習的必需品之外，幾乎都是他自己透過付出來獲取的。雖然這並不像在現實生活當中交易那樣的明碼標價，但是他的付出與所得卻是等價的。

其實，我沒有想過讓小史賓賽成長為一個神童，我僅僅希望他能夠成長為一個身心健康、充滿愛心，並且懂得透過自己的付出來獲得幸福的人。

可是，在貫徹「想要得到就需要付出」這一原則的時候，也一定要注意好，千萬不要讓孩子過度勞累。

現實當中，很多父母迫於生活的壓力或者自己錯誤的觀念，過早的把孩子視為家庭勞動力來差遣，而這與教育孩子是截然不同的。

有的父母甚至會把許多本該是自己去做的事情推給孩子，如果家庭條件並不貧困，請千萬不要這麼做，這會讓孩子的心靈和身體受到傷害。

通常來講，這種情況多見於貧困的家庭，當然，從另一個角度來說，這些孩子的獨立意識更是沒有辦法挑剔的，但是他為自己的未來做充足準備的時間和權利卻在不知不覺中被剝奪了，那麼到了最後，他可能只能像他的父輩一樣，由於能力的有限而繼續過著艱難的生活。

父母如果總是毫無原則的滿足孩子的願望，那麼孩子就會不懂珍惜，身為父母，一定要讓孩子懂得，無論想要獲得什麼，都必須透過自己的努力，不勞而獲可以說是白日做夢、天方夜譚。

第八章　塑造孩子健康的內心世界

情感是一條奔騰不息的河流，它能夠引導人衝破各種困難，朝著目標前進。在孩子的教育過程中，情感教育是不能忽視的。道德教育告訴孩子如何去做，情感教育則讓孩子自己願意去做。

讓孩子體會「愛」，學會愛

理性和真理是人所共具的，先說出來的人並不多於後來引用的人。根據柏拉圖也不會多於根據我自己，既然他和我一樣看見和了解它。蜜蜂到處掠取各種花朵，但後來釀成蜜糖，便完全是他們自己的了；已經不再是花了。同樣，人們有屬於自己的作品。他的教育、工作和研究沒有別的目的，只是要培養他的這種能力。

——蒙田（Montaigne）

在生活當中會遇到這樣的一些孩子，他們的父母沒有受過多少教育，可能不過就是水準不高的鄉下老師的教育，可是他們卻表現出了超乎常人的毅力和耐心，最後在諸多領域都做出了卓越的成就。

他們不僅寬容，還具有難能可貴的愛心；他們也懂得忍耐，總能夠克服各式各樣的障礙。他們經常讓自己的父母羨慕不已。到底是什麼在促使著他們呢？是什麼力量在他們身上流淌呢？我來告訴大家，這是情感的動力，愛的力量。

物質的匱乏、資訊的閉塞都不能夠阻擋愛的傳遞。這樣的愛，來自於善良的母親、辛苦工作的父親，以及那些樸實的鄉下老師。這些樸實人，他們可能什麼都沒有，卻充滿了愛，並且能夠為愛付出。就這樣，他們持久工作著，無言的忍耐，每天默默的生活。

所以我認為，教育的一個重要目的就是在於培養孩子愛的情感，要喚醒孩子身上沉睡著的愛的情感。

在教育過程中，愛的情感不僅可以化解尖銳的矛盾，而且還能夠讓孩子以飽滿的熱情去達成自己的目標。

記得在小史賓賽十歲那一年，在一個下著大雨的夜晚，有人捎信來說我的父親已經病危，需要從德比買一些藥送去。當時已經九點多了，我準備好父親需要的藥品之後就連夜趕往鄉下。從德比到我父親住的地方有二十多英里（約三、四十公里）的路程，這個時候已經沒有馬車了，而且天還下著大雨。可是小史賓賽卻堅持和我一起去，當時他臉上那種緊張又嚴肅的表情讓我根本沒有辦法拒絕，於是我們就一起上路了。

雨越下越大，狂風一陣又一陣吹來，雨水密密麻麻的打在我們臉上。而且，天空時不時還有閃電出現，把路面和四周的田野照得雪亮。

當時小史賓賽緊緊抓著我的手，另一隻手則不停的擦著滿是雨水的臉，眼睛卻瞪得老大。在坑坑窪窪的道路上，四周一片漆黑，我們手中的煤油燈只能夠照到很小的一點路面。

就這樣，在走了大約一半路程的時候，路邊有一戶人家，我發現小史賓賽已經太累了，於是就建議在這裡躲躲雨，休息一會兒。小史賓賽卻說：「我們還是快趕路吧，去晚了也許爺爺就不行了。」聽到這句話，我的內心有種說不出來的感動，於是我們繼續前行。最後，當我們把藥送到的時候，小史賓賽已經累得站不穩了。

在第二天一大早，雨停了，溫暖的陽光出來了，而小史賓賽醒來之後的第一句話就問：「爺爺好了嗎？」

我心想，這就是愛的力量。

我也知道，小史賓賽以後的人生道路還很長，但只要他有愛的動力，再長、再黑的路他也不會感到害怕。

其實，在每一個成人的心中，都會有一些難以磨滅的記憶，這和我們記憶中的一些知識為我們留下的印象一樣，只是作用不同而已。

給孩子一顆寬容的心

道德教育成功的「祕訣」在於，當一個人還在少年時代，就應該在宏偉的社會生活背景上向他展示整個世界、個人生活的前景。

——蘇霍姆林斯基（Sukhomlinsky）

我們的社會並不是非常的完美，在生活當中還存在著各式各樣的問題：社會當中的不公平現象、家庭當中的不幸遭遇、個人遭遇的變化等等，這些孩子都是看在眼裡的。

除此之外，也並不是每一個家庭都那麼的富有和幸福，更多的時候，總是會有一些意想不到的情況發生。

對於這些，在孩子還很小的時候就讓他們接觸顯然是不明智的。但是一旦孩子開始具有判斷能力、觀察能力的時候，身為父母的我們則需要耐心的引導孩子，讓孩子逐漸了解這些事情。

有一天，小史賓賽回到家中，他看起來非常的沮喪。於是我問他為什麼不開心，他告訴我，同學莎莎的父親最近遭遇了不幸。

原來，為了能夠讓莎莎來這所學校讀書，她的爸爸在德比鎮的一個建築工地上辛苦的工作，每天都要到很晚才到家。而莎莎也是一個懂事的孩子，非常用功讀書，一直想透過優異的學習成績來回報父親的辛勞。

可是就在今天上課的時候，莎莎的鄰居突然來學校找她，原來是莎莎的父親出事了。當她見到父親的時候，父親已經死了。

聽說是因為莎莎的父親在工地偷東西，被人給打死了。頃刻間，莎莎就成為了世界上最痛苦的人。

一直以來，莎莎都非常尊敬父親，他痛恨那些打死她爸爸的人，痛恨他們沒有一點人性，可是不管怎麼樣，事情已經發生了……就在講述這件事情的時候，小史賓賽早已痛哭流涕了。

這些人的行為是多麼野蠻殘忍，而這都是由於貧困愚昧所導致的後果，當時我的心也被沉重的撞擊著，一時間，真的不知道該對小史賓賽說什麼。

我努力的使自己鎮靜下來，緊接著和小史賓賽聊了很久。我非常無奈的告訴他，在這個世界上，罪惡是現實，希望他不要用一種仇恨的眼光來對待這件事情。一切罪惡的根源，都是因為愚昧無知，如果想要改變現在的這種狀況，除了利用自己的知識和愛之外，是沒有其他辦法的。

事實也是這樣，仇恨真的是一件很可怕的東西，它可能會吞噬掉孩子的心靈，蒙蔽孩子的心智，更會讓孩子失去他內心的寧靜。

後來，我和小史賓賽經常去莎莎家裡看她，打死她父親的惡人雖然也受到了懲罰，但是莎莎的內心依然十分痛苦。每一次我都會不厭其煩的用同樣的話語與莎莎交談，希望能夠消除莎莎心中的仇恨，因為仇恨已經快把莎莎的內心變成一塊堅硬的石頭了。如果真的是這樣，她怎麼可能還會有心思去求知呢？

如果真的是這樣，她失去的不僅僅是父親，也失去了自己的未來。令人欣慰的是，最後透過我的不斷努力，莎莎終於從仇恨中解脫出來，走上了一條傳播愛的道路。

我們的生活中總是存在著許多不公平，如果充滿仇恨，只會讓自己更加痛苦。因此，父母要告訴孩子，對於那些所謂的不幸，我們除了要坦然接受之外，還應該用愛和知識來消除愚昧，讓自己和他人都得到解脫。

培養孩子必要的肅穆和敬仰

知識不能單從經驗中得出，而只能從理智的發明和觀察到的事實兩者的比較中得出。

——愛因斯坦（Einstein）

一直以來，我認為任何一種文明的教育過程，都是不斷消除和淨化野蠻、猥瑣、狂熱和放縱等情感的過程。尤其是伴隨著孩子的嬉戲、玩耍，能夠教孩子一些必要的肅穆和敬仰是很有好處的。這樣一來，就可以讓孩子體驗一種新鮮的感情，更是一種與好動相對安寧，和卑微相反的崇高，以及放縱相悖的自我克制，是那種遠離鬥爭的和平，它最終能夠讓人體會到的，就是除了興趣以外的情感經驗。

在學校的開學典禮上、紀念會、教堂的禮拜和家庭的祈禱中，雖然有許多孩子的表現與成人期望的不一樣，而這樣一種嚴肅的氣氛，他們可能只有短短幾分鐘，或者是幾十分鐘的體驗，但是，這種體驗及其喚起的情感對於孩子來說是難能可貴的。而這也是小史賓賽在進入團體之後必不可少的一種認同感。

我們只要仔細觀察就會發現，孩子在一起玩遊戲的時候，這種情感往往會非常自然的流露出來，我們也可以發現每個孩子莊重的一面。他們往往會沉浸在自己的世界當中，會非常認真的聽從其中一位年齡稍微大的孩子的指揮。

有的時候，我會帶小史賓賽去這些場合。在剛開始的時候，他會有一些不適應，可是慢慢的，小史賓賽就會被這種氛圍所感染。

在那種團體中的莊重氣氛，往往能夠讓孩子逐漸安靜下來。而當他回到平時的生活時，依舊能夠感受到之前的那種氣氛，那麼孩子在行動上也會慢慢的有所改變。

身為父母，我們總是努力為孩子創造一個自由、舒適、快樂的環境，希望孩子可以更加輕鬆的成長。有的時候讓孩子體驗莊嚴、肅穆的氣氛可以喚起孩子某方面的情感，也能夠培養孩子在團體生活中必不可少的認同感。

教育的目的是為了不教

知識的源泉不會枯竭，不管人類在這方面取得多大成就，人們還是要不斷的探索、發掘和認識。

——岡察洛夫（Goncharov）

「教的目的是為了有一天能不教。」這句話是我對一位遠道而來的教育學者威廉斯說的。的確，我們只要看一看動物世界就能夠明白，鳥在訓練幼鳥飛行一段時間之後，就讓牠自己從高處飛往低處，從一個草垛飛到另一個草垛，從一棵樹飛到另一棵樹，一般就不會再去管牠了。

如果一隻幼鳥在長成大鳥的時候，還需要仰賴其他的鳥才能飛，這樣的教育一定是失敗的。

同樣的道理，在孩子的早期教育過程中，一個非常重要的任務就是培養孩子的自我教育和自助學習的能力。威廉斯認為這樣可能會成為一些不負責任的教育者的藉口，但是我的看法和他不同。

在小史賓賽還很小的時候，我就開始培養他的自助學習能力。為什麼燕子春來秋走？為什麼太陽白天升起，黃昏又落下？諸如此類的問題，我從來不會簡單的告訴他答案，而是會指給他找到答案的途徑。

從小史賓賽每一次發現一點點知識的驚喜和瞪大眼睛的專注上，我就已經知道，沒有一種快樂能夠比得上他透過自身努力來證明自己的一點點能力，這點也是所有成長中動物的共同特點。

當然，培養孩子自助能力的時候，我們一定要有所準備。在他可以簡單閱讀的時候，我經常會把能夠解答這些問題的書放在他附近，或者把一些簡單的實驗用具放在桌上。非常幸運的是，我對這方面有充足的準備，因為我從來不吝惜買書，以及購買一些實驗用品。

鎮上的小書店是小史賓賽常去的地方。每一次從書店買回一本愛書的時候，他總是欣喜若狂。

記得有一次，他買回了一本與植物有關的書，之後整整一個夏天，他都沉浸在了收集植物葉片和弄清楚植物的名稱上。當他上小學的時候，就連校長都吃驚於他的植物知識。

在剛開始的時候，為了培養他的自助學習能力所做的準備工作，我每一次都要經過苦心設計，而這樣比直接告訴他答案需要花費更多的心思。

不過，逐漸形成自助學習能力的小史賓賽，就是我這些付出的回報。所以，這絕對不是威廉斯所說的「是一件偷懶的事」。

自助教育對於培養一個孩子的獨立思考能力也有極大好處。第一，能夠讓孩子形成因果的概念，讓孩子明白這些東西的存在都是有原因的；第二，讓孩子用自己的方式去找到這個原因，他從來不會照搬某本書說的觀點。

有一次，小史賓賽透過自助教育獲得了關於力的傳遞和能量轉移的知識，而這一次的經歷居然成為了他一生的記憶。

這一天，他看見了一本有插圖的物理書籍之後，就去觀察德文特河畔的一個個磨房。急速的水流帶動輪盤，輪盤透過豎軸帶動磨房的碾石，碾石把麥粒磨成麵粉，麵粉從漏斗裡出來時還冒著熱氣……小史賓賽甚至還把手伸進發熱的麵粉裡。

這些事實證明，比起任何講授，自助教育所獲得的知識會在孩子記憶裡留下更深刻的印象，孩子最鮮活和最深刻的人生經驗也都圍繞著獲得這些知識的所有細節。

自助教育在小史賓賽的寫作上有了非常大的幫助。因為「自助」知識大多需要透過自己的觀察、體驗和查找來獲得，而這大大增加了他的觀察力。

當然，此時一個不利的影響也顯現：在小史賓賽上小學之後，前半學期下來，他發現一年級課程已經完全不需要唸了。就這樣，經過學校的允許，小史賓賽直接上了二年級，可是仍然不行，後來乾脆跳級去上三年級。

在有的時候，我真擔心過早開發心智是否會對孩子的身體造成影響，直到後來看見小史賓賽和其他孩子一樣健康，我這才放下心來。

關於自助教育，就好像我和威廉斯所爭論的一樣，在最開始就引起了英國教育界的激烈爭論。到了最後，教育界的官員和學者也不得不承認，這種教育方式是值得在全英國推廣的。讓

第八章 塑造孩子健康的內心世界

教育的目的是為了不教

我非常高興的是，許多學校的教育已經紛紛開始重視起培養學生的自助能力。

但是更加遺憾的是，自助教育的教材和教具開發還是非常少的，由於父母知識程度和時間等多方面的原因，在很多家庭實施起來具有一定難度，以至於最後居然有父母特地從倫敦跑來，請教自助教育的事。

許多人認為，到了學校，教育就交給老師了，這其實是對教育的極大誤解。的確，自助教育並不是孩子一進入到學校之後就終止了。

孩子雖然到了學校，但是教育活動對於家長來說是沒有結束的，恰恰相反，這是另一個開始。

教育的目的除了要傳授知識，還得培養孩子的自助能力。要知道，知識的傳授，比起一個有機生命自我完善、求知，再綜合為生命、思維來說，要簡單得多。

第九章　培養孩子的道德、意志、品格

對孩子道德、意志、品格上的培養，很大程度上是父母德行的一種反映。這些德行不管多麼微小，都能夠在孩子腦中留下深刻的印記。所以，想培養孩子的德行，父母要先做榜樣。

讓孩子了解好品德的重要性

書讀得越多而不加以思索，你就會覺得你知道的很多；而當你思考得越多，你就會越清楚的看到，你知道的還很少。

——伏爾泰（Voltaire）

孩子認識世界需要經歷一個從具體到抽象、從簡單到複雜的過程。而「道德」這個詞在人們看來就是一個非常抽象的概念，但是，想要把好的道德觀念和品格植入到孩子的大腦中，則同樣需要父母明確告訴孩子如何做，當然。父母還可以把孩子的道德行為記錄下來，作為一種精神鼓勵送給他。

有一次，小史賓賽問我：「我想成為一個有道德修養的人，希望大家都能夠尊重我、喜歡我，但是我不知道應該去做些什麼。」其實，小史賓賽的這一問題也是縈繞在我腦中很久的一個問題，到底如何才能夠讓孩子明白道德標準呢？於是，我寫下了這樣的一段話，並且貼在了小史賓賽的臥室當中。

(1) 我希望我的孩子勤勞、勇敢，能夠積極的面對各種困難；
(2) 我希望我的孩子富有愛心，能夠同情弱者，懂得向別人伸出援助之手；
(3) 我希望我的孩子可以尊重別人的成果，也要尊重別人的財產；

(4)我希望我的孩子懂得感恩，感謝那些曾經幫助過我們的人，並且懂得回報；

(5)我希望我的孩子每天都能夠快樂而幸福的生活和玩耍；

(6)我希望我的孩子做事情有計畫，能夠善始善終；

(7)我希望我的孩子具有自律精神，適時約束自己的言行。

在剛開始的時候，小史賓賽對於這些文字並不是很了解，但是我會結合生活當中遇到的一些具體的事情為他進行講解，讓他逐漸理解這些內容。

與此同時，他每做一件好事，我就會對照上面的文字去表揚他，另外，我還準備了一個筆記本，把他做過的好事都一一記錄了下來。

以後，每一次他翻看這個筆記本的時候，我總是能夠從他的臉上看出一份自豪而又喜悅的心情。當然，更值得注意的是，每一次他犯錯的時候，我從來不會對照這些文字教訓他。我這麼做的目的就是為了讓他一直保持對這些文字的好感，能夠激勵他努力做更多好事。

至於那個筆記本，我一直記錄到今天。上面記錄的絕對不只有好事，更多的是一個做父親的用心。

如果孩子能夠感受到父母不僅是在物質上關心他，還在精神方面關心他，孩子的心靈就會成長得更快。

下面，我們就一起來看看我記錄的小史賓賽的「英雄事蹟」吧！

八月一日，在屋內的後花園裡，小史賓賽發現了一隻飢餓的貓。小史賓賽表現出了同情心，於是從家裡面拿了一塊排骨給牠，這個時候小貓連連發出「喵喵」的感激聲。

八月四日，小史賓賽在放學回家的路上，發現幾個小朋友用水灌螞蟻窩，他連忙阻止了他們，並且對他們說道：「小螞蟻也是有生命，也是有爸爸媽媽的，如果有人這樣對待我們，把我們的家淹沒了，我們是不是非常可憐？」

九月十日，小史賓賽今天在學校裡面被一個高個子的同學打傷了。有同學曾經告訴他用石頭砸高個子同學的腦袋，可是小史賓賽並沒有這樣做。

小史賓賽反而說：「如果我把他打傷了，他的爸爸媽媽會心疼的。」其實，小史賓賽並不是沒有勇氣，而是心存愛心，他不想讓對方的父母傷心。我聽完之後非常感動，相信上帝看到小史賓賽這樣的行為，也會露出燦爛的笑容。

十月七日，今天的雨下得非常大。當我從鎮上回來的時候，發現有一個年邁的乞丐躺在馬路邊，好像生病了。小史賓賽知道之後，一定要送麵包和雨衣給那個乞丐。我真的沒有想到，在小史賓賽小小的身體中，竟然會有如此龐大的能量，連風雨都不能阻擋他的善心善行。

十月二十日，小史賓賽今天開始存錢了，這真的是一件了不起的事情。我希望他能夠懂得，讀書和做好事都和存錢一樣，每天累積一點點，日積月累，一定會儲蓄許多「財富」。

曾經有段時間，小史賓賽總是會要求我把這些內容讀給他聽。可是，隨著他認識的字越來越多，他就開始自己看了。孩子看著自己平時做的一點點好事被記錄下來，這樣的鼓勵比任何獎勵都更具有價值。

第九章　培養孩子的道德、意志、品格

讓孩子了解好品德的重要性

到了後來，小史賓賽果然成為了一個有目標、有愛心、有道德、有理想的人。而我也一直相信這是上帝對我的獎賞，更是我一生最幸福而快樂的事情。

我認為，一個人擁有健康的身體是非常重要的，當然，擁有豐富的學識也是重要的，但是，最重要的是要擁有高尚的品格。一個人也只有具備了良好的品格，才能夠真正克服各種困難，進而做出對人類有意義的事情。

當然，培養孩子良好的品格絕對不是一朝一夕的事情，需要父母花費大量的心思和時間。在這一過程中，孩子也可能一而再、再而三的犯同樣的錯誤，身為父母的我們當然會失望，有的時候會無奈，甚至有的時候還控制不住自己的情緒。

但是仔細想一想，做什麼事情不是都要花費很長時間和大量精力才能夠成功嗎？更何況是教育一個孩子呢？

假如父母只是單純告訴孩子今後要做一個高尚的人、有道德的人，那麼孩子大概也不知道該如何具體落實到生活中。父母倒不如把對孩子的期待寫下來，這樣更能夠激勵孩子一點點的進步。

把生活中的好的經驗傳遞給孩子

無論掌握哪一種知識，對智力都是有用的。它會把無用的東西拋開，把好的東西保留住。你絕不能愛或恨一件事物，除非你先認識了它。

——達文西

有這樣一句話在史賓賽家族裡面流傳了很久：「每一件善行都不會被忽視，每一點努力都會有所收穫。」這兩句話看起來真的是應驗了。

當時，我們教區的主教決定週末要舉辦一次關於家庭教育的懇談會，而且還邀請我做一個主題的發言。當然，發言的不光是我，還有鎮上學校的老師。

我當時確實有一些激動，因為我覺得在這樣的懇談會上發言是一種榮譽，更何況我只是一個火車工程師，除此之外，我還想透過這一機會和大家針對平時教育的心得進行交流。

懇談會就在教堂外面的小院子舉行。院內的百合花盛開的正鮮豔，就好像一群整齊站立的白衣少女。

懇談會上，鎮上的鐵匠湯姆森說：「親愛的史賓賽先生，我們大家都知道您在家庭教育上確實花費了很大的工夫，可是在我們這樣的偏遠的小鎮上，幾乎全部都是一些小人物，在這裡，我們除了牧師和火車修理工有一點水準之外，大多數人僅僅是知道打鐵、種馬鈴薯、賣雜貨或縫衣服的人。那麼，我們到底應該如何做，才能把孩子教育成大人物呢？」

對於湯姆森的這種想法，我是非常能夠理解的，可是我卻不能夠認同。就這樣，我把本來準備在懇談會上發表的話題，改成「給孩子最好的」這個題目。

我當時是這樣說的：「是的，在我們這個鎮子上，大部分人都是一些平凡的小人物。但是，這並不能夠說明我們的孩子也必然是平凡的人物啊！當然，也不能夠說明我們沒有能力，以及沒有必要全心的教育我們的孩子。

譬如你吧，湯姆森先生，可能你這一輩子都在鎮上打鐵，但是你堅韌、細心、熱情，時常還能夠有一些小創意。如果你把這個作為一個小小的禮物送給你的孩子，那麼他將來很有可能會用來從事一件偉大的、對人類有益的事情。也許他成為了一位軍事指揮者，也許他成為了一個建築大師。

孩子的生命才剛剛開始，在現今這樣一個瞬息萬變的社會中，可能我們已經沒有什麼機會了，但是孩子的機會還有很多。

就好像一場接力賽，我們遞到孩子手上的也許只是一小截橡木棒，到底孩子能夠走多遠、多快，我們誰也不知道了。

所以，不要小看了這截短短的橡木棒，誰知道將來會怎麼樣呢？技能是學校的事情，但孩子良好的品格則大多來自於家庭。

我們終其一生，可能不會累積太多的財產，也不會有多大的名望，但是，每一個父母都透過生活累積下了一些良好的經驗和品格。

讓我們把這些一點點的傳給孩子吧！讓他們用自己的生命去放大，發出光芒。埋藏一個好的品格，它將來必定會為孩子帶來一生的收穫。

我們可以回憶一下自己的父輩，再想一想我們的童年。現如今雖然已經為人父母，但是我們是不是應該對孩子提起祖輩當中所做出的善行？

因此，我們要給孩子最好的，哪怕只有很少一部分。我們一定要讓孩子覺得我們是最好的，這當然不是指金錢和地位，也不能是我們的惡習，我們要給孩子良好的品格，只要有這些就足夠了。

每當秋天到來的時候，我們會看見每一株成熟的小麥，每一棵結果的梨樹，相信我們都會像風中的樹葉一樣會心的微笑。」

當我說完話之後，我發現大家的眼睛都變得溼潤起來，特別是湯姆森，他正在用那雙打鐵的、指節粗大的手，不斷的擦拭著流下的淚水，我知道，他的內心已經重新燃起了新的希望，新的火苗。

自然懲罰：必要時最為有效的教育方法

把時間過多運用於學問是懶惰，把學問過多用於裝飾是做作，完全依學問上的規則斷事是書生的怪癖。

——培根（Bacon）

在我看來，對於孩子道德和品格的教育，應該多多採用自然懲罰的辦法，而盡量減少人為的懲罰。

那麼，怎麼樣區分自然懲罰和人為懲罰呢？前者是根據基本等值、等同的原則，對一種錯誤行為的回應，主要目的是為了讓孩子在這種回應的經歷當中增加這方面不可替代的經驗。而後者則是父母或者老師根據孩子的錯誤行為，人為決定的懲罰回應。

我們從下面幾個例子，就可以進一步區分兩者的差異。

每個養育幼兒的家庭，都會陷入「一團糟」的情形。孩子把一盒玩具拿出來，擺得到處都是，或者是早上出去散步，回家之後就把採來的鮮花丟得滿屋都是，或者是替布娃娃做衣服，碎布、剪刀扔下就不管了。

那麼，這個時候，收拾這些殘局的任務到底應該由誰來承擔呢？通常是由他人或者父母來替他完成。而自然懲罰的原則就是讓孩子自己去收拾，並且告訴孩子，如果還這樣的話，下一次就得不到玩具或者不能夠再去散步。

這顯然是一個自然的後果，沒有被刻意的擴大，也沒有縮小，孩子也能夠坦然的接受。如果堅持這麼做，孩子就會改掉這個壞習慣。除此之外，我們還可以讓孩子明白，任何的快樂都是需要透過付出才能夠獲得的。

還有這樣的一個例子，在不久之前，我經常聽說一個叫康斯坦斯的小女孩因為動作慢而受到了責罵。她總是在團體活動的時候需要別人等她。如果採用自然懲罰的方法，則是遲到了就不再等她，讓她一個人留在原地。

而人為懲罰就是先責罵一番，然後繼續等。前者給予了她經驗，而後者除了當時有點緊張之外，其他什麼也得不到。

如果一個男孩的鋼筆或書包等學習用具丟了，自然的懲罰就是讓他感到不方便，或者必須扣除孩子部分零用錢再買一個。而人為的懲罰則是先責罵一頓，甚至體罰一次，馬上再去為他買新的。

前者能夠讓孩子明白鋼筆和書包都不是不勞而獲的，讓他透過自己的代價懂得珍惜；後者則除了父母的憤怒、孩子大哭一場之外，什麼也沒有教給他。

如果一個做哥哥的把妹妹的手弄傷了，自然的懲罰是就是讓他來承擔妹妹的醫療費，沒有錢的話就扣零用錢，或者賣掉他的幾件玩具，與此同時，取消兩次他與妹妹都可以享受的消費。

如果一個孩子第一次拿回了別人的東西。父母首先應該弄清楚的是他是否有經過他人同意，如果沒有，則必須和孩子一起送回去，如果情況嚴重的，則應該和孩子一同受罰。

相反，如果父母把孩子從別人那裡拿回來的東西保留下來，就是把孩子的壞習慣同樣的保留下來。

一個成長中的男孩，隨著力氣增加，經常會做出一些暴力的行為，自然懲罰的方法是讓他自己承擔經濟和道義上的後果。比如一個孩子打了自己的祖母，那麼除了承擔祖母的醫療費用之外，還必須接受家庭成員的批評、指責，並且要求他用愛的方式請求祖母的諒解。

如果一個孩子辱罵了另一個孩子，就必須要求他向其道歉；如果經常在同一個班級發生這種事，就必須要求這個孩子在更多的人面前道歉，而且還要說明理由。

在嚴重的情況下，則需要以假設和表演的方式讓他也受到辱罵，然後請他談此時的感受，以啟發他的同情心。

不要希望孩子成為道德楷模

不管努力的目標是什麼，不管他做什麼，單槍匹馬總是沒有力量的。合群永遠是一切善良思想的人的最高需求。

——歌德（Goethe）

現代社會，競爭日趨激烈，在很多方面都涉及到人與人的合作關係。競爭與合作並不是矛盾體，如果缺乏與他人的合作精神和合作能力，不僅無法在事業上有所進步，而且連基本的適應社會的能力都會消失。

所以，要注意培養孩子的合作能力，這是教育中必不可少的一項內容，可以透過孩子進行遊戲的過程來培養孩子的合作能力，激發孩子的興趣和好奇心，讓孩子覺得與人合作是一件快樂的事情。

在合作的過程中，能夠培養孩子的品格、愛心。很多孩子由於父母的溺愛、嬌生慣養而處處以自我為中心、任性，甚至會攻擊其他小朋友。這樣的孩子通常不願與其他小朋友玩遊戲，長大後也很難和別人合作。如果孩子在遊戲的過程中出現糾紛，家長最好不要主動參與，要讓孩子自己試著解決，家長只是起到輔助孩子解決問題的作用。

這裡所說的接受，就是要孩子打從心底願意接受他人。家長經常灌輸孩子合作的思想，告

第九章　培養孩子的道德、意志、品格

不要希望孩子成為道德楷模

訴孩子每個人都有值得學習的地方，不能凡事由著自己的性子，與人合作的過程是快樂的、幸福的。家長要教育孩子善於發現別人的長處，並且誠心誠意的讚美別人。家長也要起到榜樣的作用，在日常生活中注意自己對人對己的態度。

如果孩子在每件事上都斤斤計較、自私自利，是很難與人相處的，更談不上合作了。所以，家長要培養孩子的分享能力。在前面我們也提到了分享能力的重要性，分享的目的就是讓孩子體會合作的快樂。有些家長喜歡將自己的孩子和別人的孩子做比較，經常說：「為什麼你不像鄰居家的小女孩那麼會讀書？」這會傷到孩子的自尊心，很可能會終止孩子與這個小朋友的合作關係。所以，父母在進行教導孩子分享時要講求方法。

家長可以帶領孩子玩各式各樣的遊戲。比如，可以讓孩子一起搭積木、拼圖，鼓勵孩子參與各種合作意識比較強的體育活動，如足球、籃球、排球、棒球、大跳繩等。在活動的進行過程中，能夠增強孩子的體質、競爭意識和合作能力，有利於培養孩子的合作精神。

合作能力在當今社會是人們重要的素養之一。所以注重培養孩子的合作能力是我們早期教育中必不可少的一項內容。對孩子今後能否取得成功有著重大的意義。

興趣能夠引導孩子探索學習的欲望，好的興趣能夠讓孩子輕鬆完成任務，幫助孩子克服不良的心理，大膽和其他小朋友合作。比如，角色扮演遊戲就是很好的幫助孩子體會合作樂趣的一種方式，孩子在扮演角色的過程中，既熟悉了書本上的知識，又在分工的過程中體會到合作的重要性，他們會在遊戲的過程中明白這些角色是缺一不可的。

想要培養孩子的合作能力，首先要培養孩子的良好品德。要讓孩子懂得關心他人、幫助他人、團結友愛。如果父母一味的嬌慣、溺愛孩子，就會讓孩子形成自私、任性、專橫跋扈、以自我為中心等不良的性格。這些性格會讓孩子不願與人相處、合作，或者根本無法與人合作。這就是父母對孩子的不當教育導致的。很多父母會灌輸孩子逞強、霸道的思想，讓孩子與其他小朋友合作的時候不友善，這樣的孩子是不受歡迎的。如果發現自己的孩子有這方面的問題，要及時制止，與孩子進行溝通，教育孩子和其他小朋友合作的時候要有謙讓、寬容、友善的品格。避免孩子與人相處時出現不必要的衝突。在合作中健康、順利的成長。

父母溺愛孩子，就會讓孩子多方面的能力出現下降的現象。在遊戲的過程中，如果孩子的衝突不能得到好的解決，就會對孩子的心靈產生一定的負面影響。當然了，父母、老師不可能一直陪在孩子身邊幫孩子解決問題，還要培養孩子自己解決衝突的能力，這樣才能從根本上幫助孩子提高合作的能力。可以透過商討，選擇大家都樂於接受的方法去解決問題，透過協商學會謙讓、諒解。或者透過文學作品來豐富孩子的思想、提高孩子的人品，告訴孩子如何解決問題以及培養合作技能等。使孩子獲得與人合作時解決問題的經驗和能力，為以後的合作奠定良好的基礎。

如果孩子在合作的過程中能夠體會到快樂，就會繼續產生合作的需求，並且會出現積極與人合作的態度，在合作上也會更加愉快。可以鼓勵孩子與人合作，將合作的成果予以公布、讚揚。孩子會在這種激勵的過程中提高自己的合作欲望。家長和老師對孩子的評價，對於孩子的身心發展來說是很重要的。

第十章　源自大自然的快樂教育

大自然既能夠培養孩子的美感，又能夠啟發孩子的悟性，而且還會向孩子展示世界上最偉大的事物的規律，讓孩子的身心得到安寧。它既像父親一樣理性、豪放，又像母親一樣溫柔、體貼，所以，讓我們一起聆聽來自大自然的美妙課程吧！

大自然是孩子最棒的老師

教育技巧的全部訣竅就在於抓住兒童的這種上進心，這種道德上的自勉。要是兒童自己不求上進，不知自勉，任何教育者都無法在他身上培養出好的品格。可是只有在團體和老師首先看到兒童優點的那些地方，兒童才會產生上進心。

——蘇霍姆林斯基（Sukhomlinsky）

我認為：「沒有任何一個成功，而且具備良好品行的人，不是大自然這位導師帶給我們的。」

試想，假如有這樣一位老師：他能夠培養孩子的美感，又能夠啟發孩子的悟性；他既可以向孩子展示事物的成長規律，又能讓孩子健康的成長；他教授孩子的時間不管是白天還是夜晚，也不管是晴天還是雨天，從來都沒有間斷過，而且他從來不收取一分錢；他對每一個孩子都是公平的，做到了一視同仁，他有著慈父一般的威嚴、理性、熱情、粗獷，但同時兼具母親一般的柔情、感性、溫柔、細膩；他能夠給每一個孩子人品、性格的典範，又可以讓每一個孩子的知性、感覺得到昇華，那麼身為家長，我們是否願意把自己的孩子交給他呢？

答案是顯而易見的，那麼這個對孩子有莫大幫助的老師到底是誰呢？就是神祕而萬能的大自然。

第十章 源自大自然的快樂教育

大自然是孩子最棒的老師

首先，我們先去感悟一下大自然的音樂課吧。

伴隨著春天的來到，遙遠天際傳來「轟隆隆」的雷聲，這是大自然樂隊開始生命序曲的演奏。

這個時候，冬天已經過去，萬物開始復甦。就連那延綿不絕的大地氣息也開始從南方的海洋、島嶼向北方的森林、原野、河流吹來，一陣又一陣的。森林當中也由無數的樹葉組成的合唱隊唱出了合聲，在河流解凍之後，則發出了「嘩嘩啦啦」的低唱，稻田裡面的禾苗隨風搖擺著，發出了輕微而美妙無比的聲音，而無數雨滴則在屋頂、樹梢、河面和空地中跳著水晶一般的舞蹈……

而這一切，僅僅是一支春天的序曲，更加精彩的是夏季的交響樂章。在這一樂章當中，表現的是萬物在走向成熟時所展示出來的一種雄偉的力量和龐大的衝突。此時大自然中好像有一股從胸腔發出、躍躍欲試的強大氣流，這股氣流在軀體當中流動的力量越來越強，而且交織著振臂一呼、衝破一切阻礙的願望。

此時此刻，雷聲的鼓點變得更加響亮，樹葉的舞姿也更加優美，就這樣，夏夜的美好會一直演奏到深秋。

秋天，可以說是這位萬能的音樂家最偉大的一個構思了。河流此時開始放慢節奏，生長的樹林和果園也開始進入到成熟之前安靜的等待。此時，生命的樂章是那麼的莊嚴而飽滿，可以說前進與停頓於此時交融著，期望和目標在此刻交匯著，孩子的成長和思考也在這個時候撞擊著。

之後就是冬天，隨著無形指揮棒的揮動，整個地球的聲音戛然而止。冬天總是那麼的安靜，讓人們收拾起工具，在清晨，或者在黃昏，聆聽著天籟之音……

如此美妙的生命樂章，如此宏大而精確的大自然當中的樂隊，可以說他把所有生命都融入了這盛大的音樂課上。

不僅如此，大自然還是世界上最出色的色彩和造型大師，是深諳萬物規律的智者，也是人類的心靈良師。

其實我一直就是這樣，一年，兩年，就在德文特河岸的這個小鎮子上，我帶著小史賓賽一遍又一遍的聽，讓我感到奇怪的是，小史賓賽從來不會感到厭倦。

正是在大自然如此美妙的音樂當中，小史賓賽的心靈和智慧才可以一天天健康的成長。這樣的音樂課堂，使得小史賓賽不僅熱愛豐富多彩的生活，更在意事物內部的因果關聯。等到多年之後，在小史賓賽的回憶中，他把大自然稱為「偉大的老師」。

可能這些東西我們表面上看來似乎和教育並沒有什麼實質性的連結，但是在本質上，這卻是任何教育的源頭。

因此，我一直以來都誠懇的希望，天底下所有的父母都能為孩子打開這扇充滿靈性的窗戶。

我也希望父母從孩子出生的那一刻起就下定決心，並且制定出一份合理的計畫，讓孩子到

第十章　源自大自然的快樂教育

大自然是孩子最棒的老師

大自然中接受這位偉大老師的教育。

讓孩子做自然筆記，記錄大自然

做老師的只要有一次向學生撒謊穿幫，就可能使他全部的教育成果付之一炬。

——盧梭（Rousseau）

打開孩子心靈通向大自然的窗戶，這需要父母的靈性和耐心，就好像我們從橘子樹上採摘橘子，是需要付出的。

儘管孩子在天性上是喜歡親近自然的，但這絕對不代表每一個孩子都懂得去聆聽、觸摸、呼吸大自然的美好與和諧。這樣的話，就需要每一個做父母的先理解大自然的話語，之後再指導孩子去看、去聽、去描摹。

從小史賓賽五歲的時候開始，我就教他怎麼做自然筆記。有的時候，由於他的詞彙量不夠用，結果表現得焦急萬分，又無可奈何。

每當這個時候，我就會告訴他說，除了能夠使用語言文字進行表述之外，還可以按照本來的樣子畫出它們的形象。

這個時候，小史賓賽或許覺得「自然筆記」這個概念還是有一點深奧，不能夠完全理解，於是把它改成了「我的大自然朋友」。

在過了很多年之後，當我們再翻開看的時候，竟然是圖文並茂，充滿了奇思妙想。其中不僅有文字的表達，而且還有圖畫的描述，甚至還會有一些實物，比如一片野百合的花瓣、一片蘋果樹的樹葉、一粒蒲公英的種子等等。

我一直認為，大自然的教育是無所不在的。而這也幾乎成為了伴隨小史賓賽一生美好而健康的愛好。

同時我也認為，大自然的教育才是快樂的，就好像發生在小史賓賽和其他英國孩子身上的一樣。

孩子從具象和實物當中得到的快樂要遠遠大於那些抽象的概念。任何一位普通的父母，如果能夠得到大自然這位和藹而親切的老師，並且把這位老師介紹給自己的孩子，相信孩子這一生都將獲益匪淺。

引導孩子用心感受大自然的美妙

我確實相信：在我們的教育中，往往只是為著實用和實際的目的，過分強調單純智育的態度，已經直接導致對倫理教育的損害。

——愛因斯坦（Einstein）

在一個風雨交加的夜晚，曾經有這樣一段經歷深深留在了我和小史賓賽的記憶當中。

在經過了烈日整整一天的暴晒之後，那個夏天的夜晚非常的悶熱。突然一道閃電劃破了黑暗的夜空，雷聲從遠方轟鳴而至，雷聲似乎越來越暴躁，而且越來越憤怒。

屋子的百葉窗已經被風吹得咔咔作響，而房屋外面的榆樹枝條也刮著屋簷了，在狂風當中還夾雜著豆大的雨點，從窗戶的縫隙當中擠了進來，狂風暴雨鬼哭狼嚎一般嘶鳴著。

又出現了一道閃電，瞬間把房間照得如同白晝一般，我聽到小史賓賽驚叫了一聲，於是趕緊跑到他的房間，發現他正在用一條床單蒙住頭，渾身瑟瑟發抖。

我在小史賓賽的床邊坐下，用手輕輕拍打他的身體，希望他能夠慢慢冷靜下來。我告訴他：「孩子你聽，暴風雨中有美妙的歌聲，你有沒有聽到？」

小史賓賽果然不那麼緊張了，開始凝神聽著，一聲炸雷，緊接著又是一道閃電。「孩子你聽，鼓聲又敲響了。」狂風吹起來，嗚嗚直響，我又對小史賓賽說：「暴風雨樂隊當中居然還有一把大提琴呢。」

「不！這不是一把，好像有很多把呢。」小史賓賽說。此刻我輕輕撫摸著他的臉，他終於不再害怕了，而我也感到萬分欣慰。

夜晚，暴風雨還一直下著，我們也一直在聽，直到風雨停息，我和小史賓賽才漸漸進入夢鄉。

第二天，小史賓賽醒來之後的第一件事情就是告訴我：「我昨天聽到了一首非常雄渾的音樂，簡直是太美了。」

從德文特河邊到小鎮上有一條狹窄的小路，道路兩旁長滿了大片的矢車菊。有一天，小史賓賽就像發現新大陸一樣，指著路邊高大而濃密的矢車菊說：「快看呀！為什麼這裡的矢車菊長得這麼高，花朵也特別多呢？」

此時的小史賓賽正在為自己的發現而感到欣喜，於是迫不及待的問我這到底是為什麼。我告訴他：「因為每天都會有人提著水從這裡經過，而每一次經過這裡，總會灑出一些來。正是因為每天多了一點水，它們才會比其他的矢車菊得到更多的滋潤，也因此長得更好。」

說完，小史賓賽一副恍然大悟的樣子，立即彎下身去看那些沾著小水滴的矢車菊葉片，小史賓賽那種認真而專注的神情讓我感動萬分。我明白，因為這片矢車菊，小史賓賽已經學會主動思考了。

類似的故事還曾經發生在一個叫做茱莉的女孩身上。

第十章 源自大自然的快樂教育

引導孩子用心感受大自然的美妙

茱莉有著一頭漂亮的捲髮，可是她的雙耳卻有一點失聰，雖然她還能夠聽到一些聲音，可是她已經對自己的耳疾喪失了信心。

每到秋天的時候，茱莉的母親就會把她交給我。這對於我而言也是一個很大的挑戰，無論我和她說什麼，她都沒有辦法集中精力去聽，很明顯，茱莉已經沉浸在自己的悲哀中無法夠自拔。

於是，我開始為茱莉放一些雄渾的音樂，剛開始的時候她的狀況會好一點兒，可是沒過多久又會走神。

就這樣，我決定嘗試一些新的方法，我把音樂關掉，把書本合上，對她說：「茱莉，我們不要再用耳朵來聽了，我們要用心傾聽，用心去聽聽大自然的聲音，也聆聽我們的心聲。」

之後，我把窗戶打開，房屋外面是一片濃密的樹林，樹葉被秋風吹動著。清新的空氣從窗外飄了進來，小茱莉把雙手放在胸前，開始認真的傾聽起來。慢慢的，我看見她臉上出現了異樣的神采，此時此刻的茱莉正在用自己的內心與大自然溝通。

在兩個之後，茱莉回到家裡。沒過多久，她的母親就激動的找上我：「史賓賽先生，您到底是如何教育茱莉的？她現在看上去真的很快樂，每天都很活躍，比以前活潑多了，而且現在的她還能夠專注的聽別人講話了。」

一步步帶領孩子走進大自然

教育者應當深刻了解正在成長的人的心靈……只有在自己整個教育生涯中不斷研究學生的心理，加深自己的心理學知識，才能夠成為教育界真正的能手。

——蘇霍姆林斯基（Sukhomlinsky）

在實際生活中，很多事情在剛開始的時候只是一個偶然的想法，最後卻有了必然的結果，而這一轉變的關鍵就在於我們能不能把最初的美好願望化為一種可行的計畫。

比如，有的人在偶爾品嘗櫻桃的鮮美之後，就會把櫻桃樹苗栽種到庭院當中，之後澆水、施肥、修枝，直到櫻桃掛滿枝頭。再比如，有的人發現體育鍛鍊對身體有好處，於是就開始每天都出去散步、跑步、晨練，漸漸的，身體真的變得越來越健康了。

對於孩子的教育也是一樣，教育孩子的教具和課堂更是隨處可見的，最重要的就是我們能不能把每一次與自然的偶遇當做一份可行的計畫，並且有效的實施下去。

我對於小史賓賽的教育，大概是這樣安排的：

(1) 零到三歲是孩子對世界產生最初印象的時期。這個時候，孩子沒有辦法進行分類、歸納，完全是憑藉感受來了解和認識這個世界，而且，也很容易把這種感受與生命複雜的發育過程聯想在一起。

這一階段是確定孩子「根性」的最好時機，家長應該多帶著孩子到風景秀美的地方走走，多讓孩子感受一下月夜、星空、日出、晨露。環境的清濁、視野的寬度會影響到孩子最初性格的形成。

我們也不要擔心孩子在進入這些環境的時候就只知道玩了，其實玩本來就是孩子的天性，更是他認知世界的一種方式，在這個時候，孩子對於大自然的感受是模糊而強烈的，他不僅會呼吸大自然清新的空氣，而且還會用他那清澈的眼睛和純潔的心去觀察這個世界。

所以，父母不應該讓孩子錯過任何一個大自然當中的美景。大自然和諧的節奏有的時候甚至連成人都會忽略，但是對於孩子而言，他總是喜歡關注和觀察這些。

為此，很多孩子都不喜歡整天待在家裡，而是想方設法讓父母帶著他到外面玩。一旦到了色彩、聲音、環境、空氣都更好的地方，孩子就會馬上安靜下來。有的時候，孩子真的就像是一個靈敏的測量計，能夠敏銳的感覺到什麼樣的環境對他有利。

很明顯，良好的環境能夠讓孩子的性格溫順，並且具有同情心，而不好的環境則會讓孩子變得暴躁和沮喪，甚至對很多事情缺乏信心。

(2) 在三到六歲這個年齡層，孩子已經具有了初步的分辨能力，開始關注自然界當中東西的功能和變化，這個時候，自然環境對於孩子的性格和智力影響處於第二個階段。孩子會把自己所見到的印象存留在記憶當中，而這些印象有的深刻、有的縹緲，有的能夠讓他身心愉悅，有的則會讓他不快樂。

需要注意的是，此時孩子的判斷力是很弱的，他可能會把一些惡劣的環境當成「好環境」去接受，而且還會融入其中，甚至沉迷一些在他看來是有趣的，事實上卻是有害的習慣。

不管孩子的父母是貧窮還是富有，大自然這位老師對於孩子是永遠公平的。父母對於孩子的自然教育應該有計畫的進行，所以，我們可以先為孩子講述一些自然萬物的功能、變化、特點和相互之間的關係。

(3) 六到十二歲這一階段，這個階段的孩子已經開始上學了，從課堂和書本上面都能夠學到關於大自然的知識，與此同時也開始有了新的社會關係，比如同學、老師、班級，

當然，也可能會面臨新的衝突，比如同學之間的矛盾、師生之間的矛盾等。

這個時候，當孩子的情緒出現變動的時候，大自然不僅充當規律的導師，同時也是孩子的心靈調節師。

在這一階段，孩子的求知欲開始變強，他開始喜歡分析不同的事物，可是對於美感來說，分析能力卻沒有多大的效果，因為美感是一種直觀的感受。

實際上，有很多的動物學家、植物學家，雖然他們正在研究動植物，可是最後感受動植物美感的能力卻逐漸消失了。事實上，美感和神祕感這才是啟發一個人悟性和靈感的必要條件。

在這一時期，除了能夠讓孩子繼續堅持做自然筆記之外，還應該讓他學會與大自然進行適當的交流，並從中獲得一些啟示。

為此，我建議父母可以做這樣一份計畫：

(1) 給孩子一個不易磨損的筆記本，讓他做自然筆記；
(2) 每週都應該抽出一個晚上的時間，為孩子講一講自然界中某一事物的特點和變化；
(3) 每月都應該帶著孩子去附近的花園、草地、山川或河邊野餐；
(4) 收集自然界當中的石頭、葉片、植物的種子等作為標本；
(5) 在每年的春天鼓勵孩子種下一棵樹，或者其他植物；
(6) 這份計畫要保存好，製成掛圖或者表格，以便提醒自己。

第十一章 快樂教育孩子的工具

一般來說，孩子越小，他的注意力停留在一件事情上的時間就越短。而對於孩子來說，他的世界總是充滿了各式各樣的顏色，他就在這樣五彩繽紛的世界中去尋找、發現屬於自己的小天地。那麼，父母可以透過哪些橋梁進入其中呢？

問題卡片巧妙帶領父母走進孩子的心靈

只有心地善良的人才能易於接受道德的薰陶。誰要是沒有受過善良的教育，沒有感受過與人為善的那種歡樂，誰就感覺不到自己是真實而美好、堅強而勇敢的人，他就不可能成為團體的志同道合者。

——蘇霍姆林斯基（Sukhomlinsky）

關於孩子的教育問題，可能很多父母都不知道該如何入手。更不知道孩子在想什麼？當下面臨什麼樣的問題？在父母的眼中，孩子的內心世界簡直就像一個魔法盒子，讓家長無法參透。

其實，這個盒子並沒有我們想像的那麼神祕，當我們打開盒子就會發現，盒子裡面不僅有孩子的情緒、孩子的夢想，還有很多雜亂無章的東西。

對於父母來說，我們必須先了解孩子的內心世界，因為這是進行快樂教育的第一步。當然，想要了解孩子的內心世界，其實有一個很簡單的方法，那就是問題卡片。

記得我當初在教育小史賓賽的時候，就使用了這樣一種方法。

我很喜歡和孩子玩一種紙牌遊戲，但是這絕對不是一般的紙牌遊戲，而是十二張由我事先寫好問題的卡片。

第十一章 快樂教育孩子的工具

問題卡片巧妙帶領父母走進孩子的心靈

之後，我會和小史賓賽輪流投擲骰子，投中哪個數，就拿出相對應的卡片，並且要回答卡片上的問題。

十二張卡片上面的問題很簡單，比如：說說你最不開心的事情、評價一下你的好朋友、抱一抱你喜歡的人、你對自己哪裡最不滿意等等。

記得有一次，我和孩子輪流投擲骰子、抽取卡片。結果小史賓賽抽到了十號卡片，上面的問題是「說一件你認為最不開心的事情」。小史賓賽說：「我最不快樂的事情就是在睡覺的時候被爸爸的鼾聲吵醒。」

而當小史賓賽抽到「請評價好朋友」的問題時，他則會說：「我最好的朋友是傑克，因為他總是幫助我。」

下一輪，就輪到我投擲骰子了，結果我一下子抽到了「你最想要得到的三件東西是什麼」的問題，這個時候，小史賓賽用期待的眼神看著我，等我的答案，於是我非常嚴肅的說：「我最希望得到的三件東西，就是我的寶貝能夠學會快樂學習，能夠擁有健康的身體，能夠保持良好的品德。」

雖然小史賓賽不一定明白這些話，但是由於我嚴肅的態度，也讓他把這件事情牢牢的印在腦海當中。

就這樣，透過問題卡片的遊戲，我逐漸了解了小史賓賽心中的一些祕密。

當然，聰明的家長不能只是單純的了解孩子的內心，對於孩子一些錯誤或者偏激的想法要耐心的予以勸導。

還有一次，小史賓賽在玩這個遊戲的時候抽到了這樣一個問題：「你最不喜歡的人是誰？」結果小史賓賽回答說是商店街的史密斯。

原來每次小史賓賽去店裡買東西，史密斯都會為了一分錢和小史賓賽較真半天，所以，在小史賓賽的眼中，覺得史密斯是一個自私又小氣的人。

可是，在我看來，這顯然是小史賓賽對史密斯有偏見，於是我把他叫到身邊，語重心長的告訴他：「親愛的寶貝，你知道史密斯先生為什麼要這樣嗎？因為他有一個生病的女兒，需要大量的醫藥費，他身上的負擔很重的，為了替女兒治病，他不得不吝嗇。」

小史賓賽眼睛一眨一眨的聽著，最後他終於明白了，說道：「哦，這樣啊，原來史密斯先生不是小氣鬼，他是一個偉大的父親。」

在小史賓賽的成長過程中，可以說是玩著問題卡片遊戲長大的，剛開始的時候，僅僅是小史賓賽和我玩，漸漸的，這一遊戲又被擴展到鄰里之間，小史賓賽常常叫上鄰居的小朋友一起參加。

而到了後來，問題卡片的內容已經被其他家長和孩子豐富了，不單純是一個個問題，而增加了很多講笑話、表演節目的內容，我覺得，這樣更增加了問題卡片遊戲的趣味性，孩子也更願意參與其中。

現如今，這一遊戲已經在全世界風靡開來，成為了家長教育孩子的必玩遊戲，而人們也把

第十一章 快樂教育孩子的工具

問題卡片巧妙帶領父母走進孩子的心靈

這個遊戲更名為「史賓賽紙牌」。

詞語風鈴：最神奇的語言教育遊戲

不應單純把紀律視為教育的手段。紀律是教育過程的結果，首先是學生團體表現在一切生活領域——日常生活、學校、文化等領域中努力的結果。

——馬卡連柯（Makarenko）

我一直都相信，所有來到家裡做客的人，可能都會在我的家中看到一些有趣的東西，比如風鈴。

而且我的這個風鈴並不是普通、單純掛在窗戶面前風吹聲響的風鈴。我家的風鈴，構件相當豐富，上面還掛著寫滿各種字母、詞彙的小木片，甚至包括幾根小銅管。在小史賓賽的房間、屋後的小花園，甚至是餐桌的正上方，都掛有類似這樣的風鈴。

其實，這些風鈴都是我用來教小史賓賽學習法語用的。在剛開始的時候，小史賓賽剛剛認識字母，因此，小木片上面的單字都是非常簡單的，而且大多數與懸掛的地方有關。比如我們會在小史賓賽的床頭掛上「床」的單字，還會掛上「起床」、「早上好」、「晚安」等詞彙，而在窗戶上面則會掛有與「窗戶」有關的單字等。

後來，隨著小史賓賽認識的單字越來越多，這些小木片上面的單字更換的頻率也越來越快。

到了後來，在一個風鈴上面掛的單字，已經可以組成一首兒歌，或者一句諺語了。當然，在小史賓賽能夠熟練掌握這些單字的時候，這些兒歌和諺語也是需要更換的。

每當小史賓賽擺弄那些小木片的時候，小銅管就會隨之發出清脆的響聲。在我看來，叮叮噹噹的聲音就好像繆思女神在知識的殿堂裡彈奏的美妙音樂。每次我聽見都會感到非常的愜意，工作上的勞累也會一掃而光。

就這樣，小史賓賽幾乎是在玩耍過程中學會了法語，也學會了拉丁語。在他學習的時候，我一般只對他講三遍。當他記不住某個知識點的時候，就會問我一下，這個時候我會再一次告訴他。

我認為，對於語言的學習不應該是那麼刻板的，想一想學校當中的那種學習，似乎弄得過於嚴肅了。其實，只要孩子能夠熟悉，並且能夠使用這種語言，那麼學習的目的就算是達到了。

很顯然，我的這種觀點和我父親，以及我的祖父的教育觀念是明顯不同的。因為在我上小學的時候，他們並沒有特別讓我去學習語言。

當時，我的父親還是一位著名的校長，他在一所私立學校任職，德高望重。父親認為，對於孩子而言，學習事物要比學習詞彙更加具有意義。

事實上，我從小也確實是從學習事物開始的，比如植物的種子、動物的標本等，父親會讓我盡情接觸這些東西，了解這些東西，而且還要學習認識它們。當然，這一切也確實對我產生了意想不到的效果。

在十二歲之前，我的閱讀能力和其他的孩子相比要差一點，但非常明顯的是，我的思維能力非常強。因此，我對於研究事物產生了極大的興趣，而這也讓我今後在醫學、心理學、教育、哲學等領域都得到了長足的發展。

很顯然，小史賓賽是幸運的。我不僅讓他學習事物，還讓他從幼兒時期就開始努力學習語言。而他學習語言的工具，就是那些懸掛在我家裡面，寫滿了詞彙的風鈴。

不過到了後來，每當他學習一門新知識的時候，這種風鈴的樣式也會發生改變，從最初的寫滿詞彙，演變為寫滿化學知識、物理知識等等。

有的家長認為，小孩子的興趣總是轉移得很快，甚至在有的時候，小孩的興趣就好像一隻蜜蜂。當人們希望牠能夠在一朵花上停留的時候，牠卻不能如人所願，反而四處飛舞。

但我要告訴各位家長的是，這就是孩子的天性。孩子越小，他的注意力停留在一件事情上的時間就會越短。那麼我們對待他就應該更包容一點，而且，對於這個年輕的生命而言，他的周圍充滿了無窮的可能性，我們必須讓他在這種無窮的可能性中去尋找、發現一個屬於自己的小天地。

所以，做父母的不要著急，正所謂「車到山前必有路」，總是會有辦法的。

在大自然中教孩子識物

教育中應該盡量鼓勵個人發展的過程。應該引導兒童自己探討，自己推論。講給他們的應該盡量少一點，而引導他們去發現的應該盡量多一點。

——史賓賽（Spencer）

學習一件事物要比看十本書更具有實際的效果，因為孩子有了親身的經驗，知識的得來也是經過他自己驗證的。

其實，小史賓賽學習事物就是從「一把植物的種子」開始的。

在開春的一天，我告訴小史賓賽，我要送給他一件非常有趣的禮物，但是在得到禮物之前，必須先自己猜一猜。

到底是什麼禮物呢？巧克力？彈珠？夾心餅乾？其實都不是。我告訴他，這是一種白天和夜裡都會發生變化的禮物，而且，隨著時間的不斷推移，這件禮物也會變出一些非常有趣的東西。

小史賓賽聽我說完之後，非常著急的打開了禮盒，一看，原來就是一些形狀和大小不同的植物種子。我告訴他，不要小看這些顆粒，它們會在你的手中變化出讓你驚訝不已的東西，不過這需要你給它們一點時間和耐心。

下午，我和小史賓賽就在後花園忙開了。我們一起用小鐵鍬把土翻開，之後又把這些種子分類撒進土裡，左邊是番茄，右邊是萵苣，在中間的一個小圓圈種的則是青椒。種上之後，我又和小史賓賽一起在上面蓋上了一層薄薄的土，並且在旁邊豎了一塊牌子——「小史賓賽的農田」。

就這樣，時間一天一天的過去了，小史賓賽經常到後花園看看這些種子有什麼變化。但是土裡似乎十分平靜，一直沒有什麼變化。

幾天後，小史賓賽有點等不及了。於是我再一次告訴他，這需要時間。孩子你看，鐘錶的時針從早到晚，每小時就「噹噹噹」的響一次，這就是時間。從把這些種子種到地裡，一直到它們有一天從地裡冒出苗來，這就是時間。孩子，你要明白，有的時候變化是需要等待很長時間的，但是只要你能夠等待、堅持，它們就一定會出現的。

果然，某天當我回到家的時候，小史賓賽驚喜的對我大喊大叫：「它們冒出來了，它們冒出來了！」我來到後花園一看，果然看見那些種子冒出了嫩芽。

而我之所以這樣做，並不是說我希望小史賓賽以後去當一個農夫，這只是與他的成長有關。因為自然界很多事物與人世間的道理都是相通的，比如，為什麼會在春天發芽，為什麼它們需要一定的成長時間，為什麼它們需要新鮮的空氣、乾淨的水源和充足的陽光等等，小史賓賽對於種子的發芽、生長過程可以說是非常清楚的，而且這與日後他在植物學上面的偉大成就也是分不開的。

第十一章 快樂教育孩子的工具

在大自然中教孩子識物

我認為，孩子應該早點去了解和學習事物，這是啟迪孩子心智的一個極其重要的方法。孩子的心智一旦被打開，就會留心周圍的世界，並且探究其中的道理，思考如何與世界產生連結。

就這樣，一把種子開啟了小史賓賽的「研究」工作，他後來自己也查閱了很多關於這方面的資料，並且還收集了一大本植物標本，還做了好幾本自己做圖示說明的植物學圖畫筆記。

對於小史賓賽而言，他是幸運的，他還學習到了其他的「事物」，他非常熟悉村莊河畔的每一處籬笆、每一片樹林。每到春天，他都會去尋找鳥巢、採摘野花；每到秋天，他都會去採集野莓、薔薇果和山楂果……

長時間以來，教育上的誤區把教育僅僅看成在嚴肅教室當中的生活，從而忽視了對孩子來說更具有意義的自然教育和自助教育。其實，自然教育和自助教育在孩子身上最為直接的反應就是快樂和有趣。

自製小地圖幫助孩子進行思維訓練

一生的生活是否幸福、平安、吉祥，則要看他的處世為人是否道德無虧，能否作為社會表率。因此，修身的教育，也成為他學校工作的主要部分。

——裴斯泰洛齊（Pestalozzi）

在不久之前，我的一個好朋友——亞伯丁大學的威爾森來信，說亞伯丁大學準備開設一個地圖測繪的科系，他就此事徵求我的建議。我對於這個想法是非常贊成的，因為這門專業能夠在道路、橋梁、都市建設中發揮出很大的作用。

而透過這件事情，我得到了一個啟發。為了訓練小史賓賽的記憶力、描述力，以及抽象與形象思維相互結合的能力，我為小史賓賽製作了另外一種教具，就是地圖紙。

這是一種非常厚的紙，可以在上面反覆擦寫。在地圖紙上面，我為他做好了一些基本的格式，例如名稱，從一個地方到另外一個地方；並且為他設立了一些簡單的符號，比如什麼樣的符號代表小山，什麼樣的符號代表河流等等。

在剛開始的時候，我問小史賓賽，從德比小鎮到巴斯應該怎麼走。我對小史賓賽說：「你已經去過很多次了，對於這條路線一定非常熟悉。所以我希望你能夠為我畫一張圖，將這條路上我需要經過哪些地方、向哪個方向走、在哪裡轉彎等，一一進行詳細的描述。如果你真的能

第十一章 快樂教育孩子的工具

自製小地圖幫助孩子進行思維訓練

夠這樣做，那麼我會非常感謝你的。」

小史賓賽聽完之後開始認真的趴在桌子上面畫了半天，並且將一張畫得非常滿的地圖交給了我。當我拿到它的時候，我感到非常的震驚。

首先，我想這恐怕是一張任何人都沒有辦法看懂的地圖，如果你按照這個地圖去一個地方，那麼大概永遠也到不了。

可是與此同時，我又驚異於小史賓賽的觀察能力，教堂、河流、鐵路、商店，他居然一一標明了。

這是小史賓賽畫出來的第一張地圖，我收下了它，並且對他說：「感謝你，親愛的！」這張地圖看起來是真的不錯，不過如果要找到去某地的路線，我想我們還需要對它進行一些修改。之後，我將如何標明方向，如何表示一些重要的標誌等，都教給了他。

也就是從那之後，每當我帶著小史賓賽去一個新的地方，我都會讓他畫出一張地圖來。與此同時，我也會讓他在地圖旁邊，針對這次「旅行」中的所見所聞製作一個簡單的說明，並且寫上一些有趣的事情。

就這樣，隨著我們去的地方越來越多，小史賓賽的地圖也畫得越來越好，而他的說明文字更像是一篇非常美好的作文。

在小史賓賽十二歲的時候，他的地圖已經積攢了厚厚一大本了。而且每張地圖上都記載著許多事情，比如自然的變化、工程的修建，甚至是一些個人的變化，這些地圖可以說充滿了樂趣與記憶。透過畫這些小地圖，小史賓賽的記憶力、描述能力、觀察能力都得到了很大的提升。

在我看來，人類關於知識技能的學習，一種是透過繼承前人的記憶來學習的，而另外一種則是透過自己發現和描述來獲得新知。

對於任何一個孩子而言，他們從小都會具備這樣的天賦，只要我們能夠用恰當的方法去幫助他們開發潛能，相信孩子的學習一定會收到意想不到的效果。

我們知道，詞彙的功能就是描述，而地圖的功能也是描述。只不過地圖明顯要比詞彙文字更具有直觀性，也更加符合孩子的思維特徵。

除此之外，像這種畫地圖的遊戲，還能讓孩子的空間感與方向感得到充分的培養與鍛鍊，更能夠由此訓練孩子獨立面對外面世界的能力，有效提高孩子的心理素養。

地圖遊戲還有另外一個好處，我們可以發現孩子的一些獨特之處。比如，有的孩子對於形象和細節的描述是非常清晰的，這就說明這個孩子有著很強的形象思維能力；而有的孩子能夠很準確的標出方向，對於線路的走向也標示得非常明白，這就代表這個孩子的抽象思維能力很強。

不管怎麼樣，我設計出來的這種小地圖遊戲，是我拿來作為教育小史賓賽的工具之一，而且也產生了非常好的效果。

用「跳方格」學數學

當一個人的心中充滿了黑暗，罪惡便在其中滋長。有罪的並不是犯罪的人，而是那製造黑暗的人。

——雨果（Hugo）

在家庭當中，大部分的教具都是根據孩子的特點來設計的，目的就是為了讓孩子在遊戲中學會更多的東西，並且不會感覺枯燥。

小史賓賽對於數學反應是比較遲緩的，這讓我非常的苦惱，於是我不得不想一些辦法，「發明」一些東西在這方面訓練他，於是「數字跳方格」就這樣產生了。

把一到九和零這十個數字依次寫在九宮格裡面，我和小史賓賽就在這個方格裡面開始玩遊戲，第一階段是從一到九的數字概念遊戲，非常簡單，數到幾，就跳幾步。不久之後，小史賓賽對於數字就有了一個基本的概念。

接下來，就是數字的和、差、積、商的關係，當然也是在方格裡面玩的，花費了兩個下午的時間就學會了。最後是九九乘法表。

小史賓賽開始的時候總是記不住，也總是出錯，於是我就在九宮格外面把數字寫出來，畫在一個圓圈裡，小史賓賽只要厭倦了，我們就會先停下來，之後他自己又去玩，經過多次練習，九九乘法就深深印在了他的腦海中。

有的時候，我也會非常感嘆：人的教育就好像大鳥訓練小鳥。從教育的生物學特徵來看，教育就是讓一個小生命在身體和心智上不斷得到完善，並且讓他更加適應生活的過程。

大貓和小貓的玩耍行為，大鳥對羽毛新長成的小鳥的行為，這些其實都是在誘導小貓、小鳥鍛鍊其肢體、知覺和本能。

隨著小史賓賽年齡的不斷增大，這些在他童年時期用過的教具便不再有用了，於是他自己又去尋找新的教具，比如光學方面的凸透鏡和凹透鏡等等。

身為父母，我們在買玩具給孩子的時候，千萬不要總是抱著一種實用主義的想法，例如這個玩具是否對開發孩子的智力有幫助。其實，每個玩具對於孩子都是有意義的，只是意義並不一定會全部展現在智力開發這一方面。

所以，父母則應該重新對玩具進行一次全面的認識，懂得各種玩具的功能和作用，有的父母可能覺得做到這一點是比較困難的，但是只要能夠和孩子一起玩，並從中引導他，時間久了，父母也能夠成為一個玩具專家。

從此之後，父母為孩子挑選玩具時就會變得更加具有經驗和目的性，在引導孩子玩玩具的時候也變得更加得心應手。

有很多家長認為，價錢昂貴的玩具肯定都是好玩具，也一定能夠更好的開發孩子的智力，買得越多，對孩子將來的發展越有幫助。其實事實並非如此，孩子對於玩具的選擇與認識和成人是不同的，他們更關心眼前的玩具到底能不能讓自己產生興趣，好不好玩。孩子才不會花費心思去考慮它到底多貴呢！因為對他們來說，價錢並不是他們的事情。

但是值得注意的是，現在也並不是說價格昂貴的不適合孩子，而是告訴家長在選購玩具的時候必須考慮到孩子的需求和喜好。一般情況下，與孩子生活密切，能夠引起孩子產生愉悅感受並且造型簡單的玩具，反而更容易吸引孩子。

有的時候，可能孩子剛剛買了一個新玩具，還沒有怎麼玩就扔到一邊，或者是手裡拿著剛買的玩具，看見別的孩子手中有「稀罕物」，馬上就把自己的新玩具拋在腦後。

其實，任何一個孩子都是喜新厭舊的，這是因為孩子具有天生好奇、好動的心理特點。他們對於已經擁有的東西就不會愛惜，對那些沒有玩過的、沒見過的東西則會充滿好奇和嚮往，即使這樣，也並不意味著父母一定要透過不停更新玩具來滿足孩子的要求。

面對這一問題，建議父母可以參考以下三點：

（一）將已有的玩具分類

孩子玩玩具的時候，父母千萬不要一下子拿出所有的玩具，可以先收起一部分，只留下一小部分。等過了一段時間之後，當孩子淡忘了，收起現有玩具的時候，再拿出另外的一部分，這樣才能讓孩子對這些似曾相識的玩具重新獲得一種新鮮感，從而有效提高玩具的利用率。但是，隨著孩子不斷長大，我們還是應該逐漸添加新的玩具。

(二) 自製玩具

我們可以利用家中的一些廢料製作出很多好的玩具，不光如此，如果讓孩子參與製作過程，還能讓孩子感受到成功的喜悅。

(三) 交換玩具

父母應該鼓勵孩子與其他孩子一起玩玩具，這樣既能夠為孩子帶來新玩具的遊戲樂趣，還可以發展孩子的人際交往能力。

身為父母，我們千萬不要把玩具定義的過於狹隘，其實，任何讓孩子感興趣的事物都可以成為玩具，或者是製作玩具的材料。

孩子的思維方式和大人其實是大相徑庭的，只要某個東西能引起他的注意，挑起孩子的興趣，那麼對於孩子而言，這個東西就是他想要的玩具。如果孩子能夠參與玩具的製作過程，那麼即使這個玩具再不好看，它依舊是孩子心目中不可替代的寶物。

現在很多父母，因為工作繁忙沒有時間陪孩子一起玩耍，這讓家長聯想到玩具。為此，大人煞費苦心查閱大量育兒資料，開始向育兒專家虛心請教，從而為孩子選購適合他們年齡層的各種玩具。

難道孩子有了玩具的陪伴，真的就不再寂寞了嗎？玩具是沒有生命、沒有感情的，它沒有辦法替代父母對孩子的愛。

當然，為孩子買玩具是沒有錯的，但是讓玩具承擔起原本應該是父母的責任時，父母千萬不要貽誤孩子的發展進程，不要使孩子的成長造成不可逆轉的損失。

因此，我建議父母在選購玩具之前，應該先注意以下幾個問題：

(1) 這個玩具能夠讓孩子產生勝任感嗎？

(2) 這個玩具能不能為孩子帶來對世界的欣喜感和好奇感？

(3) 是否能增進孩子的創造力？

(4) 這個玩具是否能讓孩子產生良好的自我感受？

(5) 如果你的回答是肯定的，那麼就買吧。

第十一章 快樂教育孩子的工具

用「跳方格」學數學

歌聲拉近了父母與孩子的距離

習慣真是一種頑強而龐大的力量，它可以主宰人的一生，因此，人從幼年起就應該透過教育培養一種良好的習慣。

——培根（Bacon）

唱一首歌曲，內心的鬱悶就能夠隨之而釋放，大腦也會變得更加興奮，肺部和腹部也能夠得到很好的舒展。

鎮上的克魯斯太太有一天來到我家，和我說起了這樣的困惑：她每天不管多麼勞累，都會抽出時間來監督孩子的功課，她的小女兒現在已經上小學五年級了，但是學習成績一直不理想。克魯斯太太說：「也不是說她不用功，她每次回到家之後手裡總是拿著一本書。只要她出去玩一會兒，我就會去把她找回來。」

我想了想說道：「她喜歡唱歌嗎？妳平時在家裡唱歌嗎？」

「她從來不唱歌，至少我沒有聽到過。我自己也不唱歌，都這把年紀了，還唱歌做什麼呢？再說了，唱歌和孩子的教育有什麼關係嗎？」

「因為孩子需要快樂。妳年輕的時候喜歡唱歌，那是因為妳是快樂的，現在的孩子還這麼小，竟然不喜歡唱歌，這就說明她是不快樂的。妳試試看，每天和孩子一起唱一首歌吧。」

第十一章 快樂教育孩子的工具

歌聲拉近了父母與孩子的距離

到了後來，鎮上有人告訴我：「克魯斯太太唱歌了，她女兒也唱，真沒有想到她們的歌聲是那麼的好聽。」

當克魯斯太太再一次來到我家的時候，她明顯要比之前精神了很多。她驚喜的告訴我：「史賓賽先生，實在是太感謝您了。我女兒的學習成績比上學期進步了很多，而且她歌唱得也不錯。」

其實，這並不是什麼靈丹妙藥，只是唱歌能讓人覺得自己和周圍的人變得更加輕鬆、更加快活。

除此之外，與孩子一起唱歌，還能夠增加孩子對生活的信心，讓孩子感到生活中美好的東西其實有很多，絕對不只是枯燥的學習、作業、成績等等。

喜歡唱歌是人類的天性。我們的祖先就曾經在河流邊唱歌，在森林中唱歌，在黑夜當中唱歌，甚至在白天工作的時候唱歌。

我們不僅要讓孩子放聲歌唱，自己也要放聲歌唱。唱一首歌，心中的鬱悶就會隨之釋放，人也會變得更加精神，我不僅把這一點告訴別人，也經常和小史賓賽在家裡或者野外放聲高歌。我發現小史賓賽每次唱到動情的時候都很投入，而我也從中感受到了教育的輕鬆與快樂。

寫作，讓孩子變得更加快樂

寫作，這是每一個孩子都應該完成的一項任務，還是他自己願意去做的一件事情呢？這是每一個孩子與其父母、老師都面臨的一個問題。

儘管每一個孩子都會按照父母、老師規定的題目，寫出他們要求完成的作文，但是我認為，寫作其實應該是孩子自己的事情。也只有把寫作變成是孩子自己的事情，才能夠真正培養他的語言表達和寫作能力。

讓孩子自己選題目，寫他想寫的事情，這是我對小史賓賽寫作訓練的一貫做法。其實，在剛開始的時候，我也曾經像許多父母那樣為小史賓賽出題，但是我後來發現，我出的題目小史賓賽並不感興趣，有時甚至寫不下去。

後來，我就嘗試讓他自己去擬定題目，而且小史賓賽也樂於如此。凡是他自己擬的題目，都是他熟悉的事情，比如〈蜘蛛的網〉、〈德柏特家的狗〉等。某天，他甚至寫了一篇題為〈與史賓賽先生夜談〉的文章，把我和他在某個晚上討論「耶穌受難時為什麼不逃走」的問題寫了進去。

這些題目，都跟我出給他的〈祖國〉、〈如何做一名紳士〉等題目相差甚遠，但是他寫出來的文章卻是非常真實、生動而有趣的。

受到我們的影響，鎮上許多孩子也開始喜歡上自擬題目寫作文，而且大家還寫得是興致勃勃。

直到有一天麻煩隨之而來。史蒂芬太太怒氣衝衝的拿著她孩子的作文來找我，說：「偉大的教育家史賓賽先生，難道這就是您教孩子寫的作文嗎？我的天啊！」我拿過作文本一看，發現作文的題目竟然是〈我的上帝啊！〉，文中寫道：

史蒂芬太太——我的媽媽，她總是說我不聽話，好像一點兒也不喜歡我。有的時候，她的尖叫和恐嚇讓我感到絕望，以下是我記得最清楚的，她曾經對我說過的話：「你難道想挨打嗎？」

我當然不想挨打，如果她問我是不是想要冰淇淋或者下週不用上學，我一定馬上回答「是的」。但她卻問我「你難道想挨打嗎？」，而且還揪著我的耳朵——明擺著，這個問句是多餘的，因為我根本不想被揪住耳朵。

「你再胡鬧，我就剝了你的皮！」可是事實上，這句話要比我挨打更加厲害，因為我曾親眼見到她把一隻兔子的皮剝下來，我絕不會讓她在我身上練習這種剝皮技巧。

「聽著，這是我最後一次警告你！」其實，我明白，所謂「最後一次」，其實就是沒完沒了的，永遠沒有最後一次，而是將會有無數次。

「你以為你是誰？」每次聽到這句話的時候我都會非常緊張，難道她不知道我是誰嗎？難道我生下來的時候真的和別人的孩子抱錯了嗎？

「我天天工作手都磨破了，還不都是為了你們。」其實，我早就和她說過，工作時最好戴上手套。

「你認為錢是大風刮來的嗎？」其實我真的希望是這樣的，不然的話，她又會說：「你以為錢是從地裡種出來的？」

「哦，我的上帝啊！」我聽到這句話的時候就絕望了，難道上帝真的就是她嗎？

我看完這篇作文，差點忍不住笑出來，客觀來說，這篇作文真的寫得不錯。雖然語言有點偏激，但是描寫得很生動，還非常幽默。

我問史蒂芬太太：「您覺得他寫的真實嗎？」

「真實。但是，這也算作文嗎？」史蒂芬太太問。

其實我認為，這就是作文，是孩子自己的作文，我覺得很多父母看了這篇作文都會受到一些啟發。

對於小史賓賽的寫作，我從來都是鼓勵他寫自己想寫的事情，等他寫完之後才會對他的語法以及某些修辭不當的地方加以指正，從來不會輕易去打擾小史賓賽的寫作興趣。

父母要讓寫作變成孩子自己喜歡做的事情，讓他寫自己想寫的話，而不是違心的話，這樣孩子的寫作能力才有可能得到真正的提升。

第十一章 快樂教育孩子的工具

寫作，讓孩子變得更加快樂

官網

國家圖書館出版品預行編目資料

我讓十四歲的孩子上了劍橋大學：史賓賽的育兒日記 / 赫伯特 . 史賓賽 著 ; 趙雅筑 譯 .
-- 第一版 . -- 臺北市 : 崧燁文化 , 2020.08
面 ;　公分
ISBN 978-986-516-426-3(平裝)

1. 親職教育 2. 子女教育

528.2　　109010999

我讓十四歲的孩子上了劍橋大學
史賓賽的育兒日記

臉書

作　　者：赫伯特 . 史賓賽 著 ; 趙雅筑 譯
編　　輯：柯馨婷
發 行 人：黃振庭
出 版 者：崧燁文化事業有限公司
發 行 者：崧燁文化事業有限公司
E-mail：sonbookservice@gmail.com
粉 絲 頁：https://www.facebook.com/sonbookss/
網　　址：https://sonbook.net/
地　　址：台北市中正區重慶南路一段六十一號八樓 815 室
Rm. 815, 8F., No.61, Sec. 1, Chongqing S. Rd., Zhongzheng Dist., Taipei City 100, Taiwan (R.O.C)
電　　話：(02)2370-3310　　　傳　　真：(02) 2388-1990
總 經 銷：紅螞蟻圖書有限公司
地　　址：台北市內湖區舊宗路二段 121 巷 19 號
電　　話：02-2795-3656　　　傳　　真：02-2795-4100
印　　刷：京峯彩色印刷有限公司（京峰數位）

定　　價：280 元
發行日期：2020 年 8 月第一版
◎本書以 POD 印製